新能源汽车专业职业教育创新教材

新能源汽车故障诊断

主　编　姜丽娟　张思杨
副主编　赵　利　曲金烨　乌福尧

机械工业出版社

本书从新能源汽车高压安全防护入手，详细介绍了新能源汽车高压部分的结构、作用、工作原理及电动汽车常用检测工具的使用等，并详细介绍了新能源汽车高压充电系统、低压充电系统、动力电池系统、驱动电机系统、空调系统、制动系统的组成、特点、工作原理等，在理论基础上有特点地介绍了各个系统常见故障及解决办法。

本书内容丰富、通俗易懂、实用性强，可作为职业院校新能源汽车相关专业的教材，也可以作为从事新能源汽车职业技能培训或维修的专业人员、管理人员的参考用书。

图书在版编目（CIP）数据

新能源汽车故障诊断/姜丽娟，张思扬主编．—北京：机械工业出版社，2018.9（2025.1重印）

新能源汽车专业职业教育创新教材

ISBN 978-7-111-60488-4

Ⅰ.①新… Ⅱ.①姜… ②张… Ⅲ.①新能源-汽车-故障诊断-职业教育-教材 Ⅳ.①U469.707

中国版本图书馆CIP数据核字（2018）第185827号

机械工业出版社（北京市百万庄大街22号　邮政编码100037）
策划编辑：杜凡如　责任编辑：杜凡如
责任校对：潘　蕊　责任印制：郜　敏
中煤（北京）印务有限公司印刷
2025年1月第1版第20次印刷
184mm×260mm · 13.75印张 · 326字
标准书号：ISBN 978-7-111-60488-4
定价：39.00元

电话服务　　　　　　　　网络服务
客服电话：010-88361066　机 工 官 网：www.cmpbook.com
　　　　　010-88379833　机 工 官 博：weibo.com/cmp1952
　　　　　010-68326294　金 书 网：www.golden-book.com
封底无防伪标均为盗版　机工教育服务网：www.cmpedu.com

新能源汽车专业职业教育创新教材

专家委员会

顾问

张延华　中国汽车维修行业协会
王水利　北京新能源汽车股份有限公司
王凯明　北京汽车技术研究总院
佘镜怀　国家开放大学汽车学院
刘　鹏　北京理工大学电动车辆国家工程实验室

主任

王忠雷　北京新能源汽车股份有限公司

副主任

窦银忠　合众新能源汽车有限公司
陈圣景　北京新能源汽车股份有限公司
许建忠　北京汇智慧众汽车技术研究院
谢　元　机械工业出版社
许行宇　全国汽车维修标准化技术委员会

委员

赵贵君　陈社会　李　刚　付照洪　王桂成
王巨明　孙大庆　高　岩　吴　硕　李宏刚

新能源汽车专业职业教育创新教材

编委会

主　任　冯玉芹
副主任　刘　斌　吴宗保　尹万建　王福忠　任　东
委　员　李华伦　程玉光　王立伟　贺永帅　王国林
　　　　汪赵强　张　瑶　温　庚　孙潇韵　张珠让
　　　　曹向红　贾启阳　朱　岸　赵　奇　高窦平

特 别 鸣 谢

　　新能源汽车技术对于职业教育来说是个全新的领域，北京新能源汽车股份有限公司一直十分关注我国职业教育的发展，充分体现了国有企业的社会责任。目前，职业教育新能源汽车专业教材相对较少，为响应国家培养大国工匠的号召，北京新能源汽车股份有限公司组织编写了职业教育新能源汽车专业系列教材，并由北京汇智慧众汽车技术研究院负责开发了课程体系。在编写过程中，北京新能源汽车股份有限公司提供了大量的技术资料，给予了专业技术指导，保证了本书成为专业针对性强、适用读者群体范围广的职业教育新能源汽车专业的实用教材，尤其是王忠雷、窦银忠、陈圣景、张国敏、李春洪等提出了大量的意见和建议。在此，对北京新能源汽车股份有限公司及北京汇智慧众汽车技术研究院在本书编写过程中给予的所有支持和帮助表示由衷的感谢！

机械工业出版社

前 言

石油短缺、环境污染、气候变暖是世界各国均面临的共同问题，各国政府及产业界纷纷提出自己的发展战略，大力发展新能源汽车是其中之一。

我国政府非常重视新能源汽车的发展。国务院发布的"十三五"国家战略性新兴产业发展规划中，明确提出要进一步发展壮大新能源汽车为代表的战略性新兴产业，要推动新能源汽车、新能源和节能环保产业快速壮大。2012年，国务院发布实施的《节能与新能源汽车产业发展规划（2012—2020年）》中，明确提出加快培育和发展节能汽车与新能源汽车，既是有效缓解能源和环境压力，推动汽车产业可持续发展的紧迫任务，也是加快汽车产业转型升级、培育新的经济增长点和国际竞争优势的战略举措。同时，我国出台了多项新能源汽车支持和补贴政策，大力推动发展新能源汽车。目前，我国新能源汽车产业得到快速发展，产销量连年高速增长。希望本书能对新能源知识的普及和发展起到一定的积极作用。

本书全面系统地介绍了新能源汽车的基础知识，共分八章。第1章介绍了高压电、新能源汽车高压系统、新能源汽车维修安全防护及消防安全措施等基本知识；第2章介绍了电动汽车绝缘检测设备的使用、电动汽车高压电路绝缘性能的测量、电动汽车高压互锁的检测及电动汽车绝缘警告灯点亮的故障排除等知识；第3章介绍了高压充电系统主要部件特点、性能、测量及充电系统常见故障的诊断与排除等知识；第4章介绍了电动汽车低压充电系统组成、特点及典型故障排除等知识；第5章介绍了动力电池包结构识别、检查、动力电池管理系统特点及动力电池常见故障诊断与排除基础知识；第6章介绍了驱动电机系统组成、功能、特点及主要部件测试等基础知识；第7章介绍了电动汽车空调系统组成、特点、使用及常见故障诊断与排除等基础知识；第8章介绍了电动汽车制动系统组成、特点及常见故障诊断与排除等基础知识。本书除理论知识外，还配有相应的实训工单，能满足培养新能源汽车维修专业人才需求以及职业院校的新能源汽车专业的教学要求。

本书由杭州汽车高级技工学校姜丽娟、四川工商职业技术学院张思杨担任主编，由山东交通技师学院赵利、山东技师学院曲金烨、南京金陵中等专业学校乌福尧担任副主编，参加编写的还有李江江、李培元、梁金赟、王海、陈建军、姜龙青、韩代云、于旭胶、李嘉。编者在编写过程中查阅了大量的资料并加以引用，在此表示深深的感谢。由于电动汽车发展的历史较短，一些关键技术还处于不断研究、改善和突破阶段，本书内容涉及知识面较广，加上编者水平有限，难免会有疏漏、错误与不足之处，望广大读者与有关专家给予指正。

编　者

目 录

前 言
第1章 高压安全防护检查 1
  1.1 高压电的基本概念 1
    1.1.1 高压电的危害 1
    1.1.2 认识高压电 2
    1.1.3 人体安全电压与电流 3
  1.2 高压系统 5
    1.2.1 高压系统类型 5
    1.2.2 高压配电控制装置 7
    1.2.3 车载充电机 10
    1.2.4 DC/DC变换器 12
    1.2.5 动力电池及管理系统 15
    1.2.6 驱动电机与控制器 25
    1.2.7 高压电缆 28
  1.3 维修安全防护 30
    1.3.1 维修场地供电要求 30
    1.3.2 维修场地高压安全防护措施 31
    1.3.3 维修车辆停放安全保护 34
    1.3.4 安全疏散通道 35
  1.4 消防安全措施 35
    1.4.1 通道 35
    1.4.2 设施 35
    1.4.3 制度 36
  1.5 触电急救 36
  本章小结 39
  复习思考题 39
  实训项目 39
    实训1 高压断电 39
    实训2 高压控制盒更换 42

第2章 高压绝缘故障诊断 45
  2.1 绝缘检测设备的使用 45
    2.1.1 万用表的使用 45
    2.1.2 绝缘测试 46
    2.1.3 绝缘工具的使用 49
    2.1.4 故障诊断仪的使用 50
  2.2 高压电路绝缘性能的测量 55
    2.2.1 高压电路绝缘的措施 55

2.2.2　高压电路绝缘阻值的检测 ………………………………………………… 56
　2.3　高压互锁 …………………………………………………………………………… 58
　　2.3.1　高压互锁的作用 …………………………………………………………… 58
　　2.3.2　高压互锁的检测 …………………………………………………………… 58
　本章小结 ………………………………………………………………………………… 60
　复习思考题 ……………………………………………………………………………… 60
　实训项目 ………………………………………………………………………………… 61
　　实训3　高压互锁故障诊断与排除 ………………………………………………… 61
　　实训4　绝缘故障诊断与排除 ……………………………………………………… 63

第3章　高压充电系统故障诊断 …………………………………………………………… 67
　3.1　高压充电系统的主要部件 …………………………………………………………… 67
　　3.1.1　快充桩 ……………………………………………………………………… 67
　　3.1.2　慢充桩 ……………………………………………………………………… 70
　　3.1.3　车载充电机功能与接口定义 ……………………………………………… 73
　　3.1.4　动力电池与充电机的通信控制 …………………………………………… 75
　3.2　高压充电系统的测量 ………………………………………………………………… 78
　　3.2.1　慢充系统的测量 …………………………………………………………… 78
　　3.2.2　快充系统的测量 …………………………………………………………… 81
　3.3　不充电故障的诊断与排除 …………………………………………………………… 82
　　3.3.1　慢充不充电的故障诊断与排除 …………………………………………… 82
　　3.3.2　快充不充电的故障排除 …………………………………………………… 88
　本章小结 ………………………………………………………………………………… 89
　复习思考题 ……………………………………………………………………………… 90
　实训项目 ………………………………………………………………………………… 90
　　实训5　车载充电机更换 …………………………………………………………… 90
　　实训6　慢充充电正常但无充电连接指示灯的诊断与排除 ……………………… 93
　　实训7　慢充充电仪表无充电界面的诊断与排除 ………………………………… 95
　　实训8　充电指示灯常亮的诊断与排除 …………………………………………… 98
　　实训9　充电界面正常但充电电流为零的诊断与排除 ………………………… 100
　　实训10　快充桩与车辆无法通信的诊断与排除 ………………………………… 103

第4章　低压充电系统故障诊断 ………………………………………………………… 106
　4.1　低压12V直流供电系统 ……………………………………………………………… 106
　　4.1.1　低压12V直流供电分类 …………………………………………………… 106
　　4.1.2　DC/DC变换器为蓄电池充电条件 ………………………………………… 107
　　4.1.3　DC/DC系统的测量 ………………………………………………………… 108
　4.2　低压蓄电池警告灯点亮的故障诊断与排除 ……………………………………… 108
　　4.2.1　认识低压蓄电池警告灯 …………………………………………………… 108
　　4.2.2　查阅警告内容并排除故障 ………………………………………………… 109
　本章小结 ………………………………………………………………………………… 111
　复习思考题 ……………………………………………………………………………… 111
　实训项目 ………………………………………………………………………………… 111
　　实训11　低压蓄电池警告灯点亮的诊断与排除 ………………………………… 111

第 5 章 动力电池系统故障诊断 ……114
5.1 动力电池包结构识别与检查 ……114
5.1.1 电池组外观检查 ……114
5.1.2 电池包内部 PACK 技术识别 ……115
5.1.3 高压回路检测与控制元件 ……120
5.1.4 电池温度检测方式与线束 ……125
5.1.5 电池加热方式 ……126
5.1.6 电池管理系统结构原理 ……127
5.2 动力电池故障警告灯点亮的诊断与排除 ……128
5.3 电动汽车无法上电故障的诊断与排除 ……129
5.3.1 低压电池故障的诊断与排除 ……130
5.3.2 控制电路故障的诊断与排除 ……131
5.4 电动汽车续驶里程短故障的诊断与排除 ……135
5.4.1 电动汽车续驶里程影响因素 ……135
5.4.2 故障诊断与排除 ……138
本章小结 ……142
复习思考题 ……142
实训项目 ……142
实训 12 车辆 READY 灯熄灭，无法行驶的诊断与排除 ……142
实训 13 续驶里程短的诊断与排除 ……145
实训 14 车辆 SOC 为零且提示尽快进行充电的诊断与排除 ……147

第 6 章 驱动电机系统故障诊断 ……151
6.1 驱动电机系统 ……151
6.1.1 驱动电机系统组成 ……151
6.1.2 电机控制器的工作原理 ……154
6.1.3 驱动电机控制策略 ……155
6.1.4 驱动电机的冷却系统检测 ……157
6.2 驱动电机系统测试 ……160
6.2.1 驱动电机绝缘测试 ……160
6.2.2 电机驱动三相电流测试 ……161
6.2.3 电机旋变信号测试 ……161
6.2.4 电机温度传感器测试 ……162
本章小结 ……164
复习思考题 ……164
实训项目 ……164
实训 15 驱动电机的冷却系统检测 ……164
实训 16 驱动电机绝缘测试 ……167
实训 17 电机旋变信号测试 ……169

第 7 章 空调系统故障诊断 ……173
7.1 空调系统的使用与操作 ……173
7.1.1 送风功能的使用与操作 ……173
7.1.2 制冷功能的操作与原理分析 ……177

7.1.3 制热功能的操作与原理分析 ··· 180
7.2 空调系统绝缘故障的排除 ··· 183
7.3 空调系统互锁故障的排除 ··· 183
7.4 空调系统不出风的故障排除 ··· 184
7.5 空调系统不制冷的故障排除 ··· 184
7.6 空调系统不制热的故障排除 ··· 186
本章小结 ··· 187
复习思考题 ··· 187
实训项目 ··· 188
实训 18　空调系统不出风的故障排除 ··· 188
实训 19　空调系统不制冷的故障排除 ··· 190
实训 20　空调系统不制热的故障排除 ··· 192

第 8 章　制动系统故障诊断 ··· 196
8.1 电动真空助力系统组成及工作原理 ··· 196
8.1.1 电动真空助力系统组成 ··· 196
8.1.2 电动真空助力系统工作原理 ··· 196
8.2 电动真空泵控制环节 ··· 198
8.2.1 电动真空泵工作原理 ··· 198
8.2.2 电动真空泵控制原理 ··· 199
8.3 电动真空助力系统故障排除 ··· 200
8.3.1 电动真空泵的常见故障及一般检修方法 ··· 200
8.3.2 电动真空助力系统的故障诊断程序 ··· 200
本章小结 ··· 202
复习思考题 ··· 202
实训项目 ··· 203
实训 21　电动真空泵故障的诊断与排除 ··· 203

参考文献 ··· 206

第 1 章 高压安全防护检查

学习目标

- 掌握高压电的基本概念和危害。
- 熟知人体安全电压与电流。
- 掌握高压系统主要部件的结构、组成和工作原理。
- 掌握新能源汽车维修的一般安全防护知识。
- 熟知新能源汽车维修的一般消防安全措施。
- 熟知触电急救的方法。

1.1 高压电的基本概念

1.1.1 高压电的危害

在我国现行工业用电标准中,通常将额定电压在 1kV 以上的称为"高电压",额定电压在 1kV 以下的称为"低电压"。

1. 高压电的危害

高压电是在高压线中进行传输的。高压线产生的磁场在一定范围内对人体有危害,电磁辐射对人体的危害主要表现在以下几个方面:

(1) 中枢神经系统 研究表明,人脑对电磁场非常敏感。外加电磁场可以破坏生物电的自然平衡,可以出现头晕、头疼、多梦、失眠、易激动、易疲劳、记忆力减退等主要症状,还可以出现舌颤、脸颤、脑电图频率和振幅偏低等客观症状。

(2) 心血管系统 人们已经观察到电磁辐射会引起血压不稳和心律不齐,高强度微波连续照射可使人心律加快、血压升高、呼吸加快、喘息、出汗等,严重时可以使人出现抽搐和呼吸障碍,直至死亡。

(3) 血液系统 在电磁辐射的作用下,常会出现多核白细胞、嗜中性白细胞、网状白细胞增多而淋巴细胞减少的现象。血液生化指标方面则出现胆固醇偏高和胆碱酯酶活力增强的趋势。

(4) 内分泌系统 在电磁场的作用下,人体可发生甲状腺机能的抑制,肾上腺皮质功能障碍。其改变程度取决于电场强度和照射时间。

(5) 诱发癌症 长期处于高电磁辐射的环境中,会使血液、淋巴液和细胞原生质发生改变，影响人体的循环系统、免疫、激素分泌、生殖和代谢功能，严重的还会加速人体的癌细胞增殖，诱发癌症以及糖尿病、遗传性疾病等病症，对儿童还可能诱发白血病。

另外，装有心脏起搏器的病人处于高电磁辐射的环境中，会影响心脏起搏器的正常使用，甚至危及生命。

2. 触电危害

当人体触及带电体，或者带电体与人体之间闪击放电，或者电弧触及人体时，电流通过人体进入大地或其他导体，形成导电回路，这种情况就叫触电。触电时，人体会受到某种程度的伤害，可分为电击和电伤两种。

（1）电击　电击是指电流流经人体内部，引起疼痛发麻，肌肉抽搐，严重的会引起强烈痉挛，心室颤动或呼吸停止，甚至由于因人体心脏、呼吸系统以及神经系统的致命伤害，造成死亡。电击是电流对人体内部组织的伤害，是最危险的一种伤害，绝大多数（大约85%）的触电死亡事故都是由电击造成的。

（2）电伤　电伤是指触电时，人体与带电体接触不良部分发生的电弧灼伤，或者是人体与带电体接触部分的电烙印，由于被电流熔化和蒸发的金属微粒等侵入人体皮肤引起的皮肤金属化。这种伤害会给人体留下伤痕，严重时也可能致死。电伤通常是由电流的热效应、化学效应或机械效应造成的。

电击和电伤也可能同时发生，这在高压触电事故中是常见的。

1.1.2　认识高压电

按照中华人民共和国行业标准 DL 408—1991《电业安全工作规程（发电厂和变电所电气部分）》中第1.4款的规定，电气设备分为高压和低压两种。高压：设备对地电压在250V以上者；低压：设备对地电压在250V及以下者。

但随着生产制造工艺的改善和科技的不断发展，越来越多的大功率、高电压的电气设备和电气系统投入市场，目前我国高低压应以2011版的1kV来区分。将额定电压在1kV以上的电压称为"高电压"，额定电压在1kV以下的电压称为"低电压"。

目前，我国常用的电压等级：220V、380V、6kV、10kV、35kV、110kV、220kV、330kV、500kV、1000kV。电力系统一般由发电厂、输电线路、变电所、配电线路及用电设备构成。通常将35kV以上的电压线路称为送电线路。35kV及其以下的电压线路称为配电线路。

交流电压等级中，各等级的电压分布见表1-1。

表1-1　交流电压等级分布

电　压　值	等　　级
≤1kV	低压
1kV＜电压≤20kV	中压
20kV＜电压≤330kV	高压
330kV＜电压≤1000kV	超高压
电压＞1000kV	特高压

1.1.3 人体安全电压与电流

1. 安全电压

安全电压是指不致使人直接致死或致残的电压。我国规定安全电压为42V、36V、24V、12V、6V 五种。一般环境条件下允许持续接触的"安全特低电压"是36V。

经验表明,当流过人体的电流超过50mA 时,触电伤害会危及人的生命,并且触电人不容易摆脱电源。而人体本身就是一个电阻,在一般的干燥环境中,人体电阻在 2kΩ~20MΩ 范围内;皮肤出汗时,约为1kΩ;皮肤有伤口时,约为800Ω。人体等效电阻分布图如图1-1 所示。

根据欧姆定律,按 800Ω 计算人体电阻,通过 50mA 的电流,就要在人体上加40V 的电压。因此,我国规定了42V、36V 等 5 种安全电压。需要注意的是,人体的电阻在某些情况下会急剧下降,如工作场所非常潮湿或有腐蚀性气体;人流汗或被导电溶液溅湿;有导电灰尘等。这时36V 也并不是安全电压,而规定加在人体的电压不超过12V,所以12V 电压称为绝对安全电压。

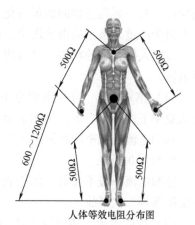

图 1-1 人体等效电阻分布图

2. 电动汽车电压分类

(1) 我国电动汽车 AB 类电压划分

1) 电动汽车的电压等级划分。根据中华人民共和国国家标准 GB/T 18384.3—2015《电动汽车 安全要求 第 3 部分:人员触电防护》中第 4 条关于电路的电压分级中明确规定:

根据电路的工作电压 U,将电路分为以下几级,见表1-2。

表 1-2 电压等级　　　　　　　　　　　　(单位:V)

电压等级	最大工作电压	
	直　流	交　流
A	$0 < U \leq 60$	$0 < U \leq 30$
B	$60 < U \leq 1500$	$30 < U \leq 1000$

2) 电动汽车的触电防护。触电防护应包含防止人员与任何带电部件的直接接触和在带电部件的基本绝缘故障的情况下的触电防护。

对于 A 级电压的电路,不要求提供触电防护。对于任何 B 级电压电路的带电部件,都应为人员提供危险接触的防护。直接接触防护应由带电部件的基本绝缘提供或由遮挡/外壳,或两者结合来提供。

所有的防护及规定都是从安全的角度出发,防止人体及电气设备因触电或短路发生故障,造成事故。

(2) 德国汽车高电压的划分　根据德国电子协会(Verband Der Elektrotechnik,简称

VDE）的规定，将汽车中直流电超过48V、交流电超过25V的电压称为高电压。而联合国欧洲经济委员会汽车法规（E.C.E）中则将直流电超过60V、交流电超过25V的电压称为高电压。

3. 安全电流

电流通过人体后，会使肌肉收缩产生运动，造成机械性损伤，电流产生的热效应和化学效应可引起一系列急骤的病理变化，使肌体遭受严重的损害，特别是电流流经心脏，对心脏损害极为严重。极小的电流即可引起心室纤维性颤动，导致死亡。

按照人体呈现的状态，可以将人体通过的电流分为三个级别：感知电流、摆脱电流和室颤电流。

（1）感知电流　在一定概率下，通过人体引起人有任何感觉的最小电流（有效值）称为该概率下的感知电流，感知电流的最小值称为感知阈值。

感知电流的概率曲线见图1-2。概率为50%时，成年男性平均感知电流约为1.1mA，成年女性约为0.7mA。

感知电流一般不会对人体构成伤害，但当电流增大时，感觉增强，反应加剧，可能导致发生坠落等二次事故。

（2）摆脱电流　当通过人体的电流超过感知电流时，肌肉收缩增加，刺痛感增强，感觉部位扩展。当电流增大到一定程度时，由于中枢神经反射和肌肉收缩、痉挛，触电人将不能自行摆脱带电体。在一定概率下，人触电后能自行摆脱带电体的最大电流，称为该概率下的摆脱电流，摆脱电流的最小值，称为摆脱阈值。摆脱电流与人体生理特征、电极形状、电极尺寸等因素有关。摆脱电流的概率曲线见图1-3。对应于概率50%的摆脱电流，成年男子约为16mA，成年女子约为10.5mA，对应于概率99.5%的摆脱电流，则分别为9mA和6mA。儿童的摆脱阈值较小。

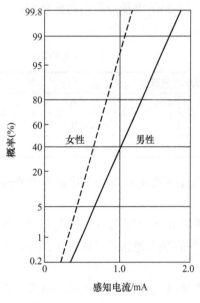

图1-2　感知电流概率曲线

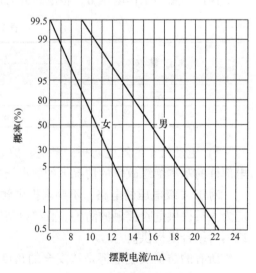

图1-3　摆脱电流概率曲线

摆脱电流是人体可以忍受但一般尚不致造成不良后果的电流。电流超过摆脱电流以后，人会感到异常痛苦、恐慌和难以忍受，如时间过长，则可能昏迷、窒息，甚至死亡。因此，可以认为摆脱电流是表明有较大危险的界限。

（3）室颤电流 通过人体引起心室发生纤维性颤动的最小电流称为室颤电流，室颤电流的最小值称为室颤阈值。室颤电流是短时间内使人致命的最小电流。室颤电流受电流持续时间、电流途径、电流种类、人体生理特征等因素的影响。当电流持续时间超过心脏搏动周期时，人的室颤电流约为 50mA；当电流持续时间短于心脏搏动周期时，人的室颤电流约为数百毫安；当电流持续时间在 0.1s 以下时，如电击发生在心脏易损期，500mA 以上的电流可引起心室颤动。

综上所述，电流等级对人体的影响见图 1-4。

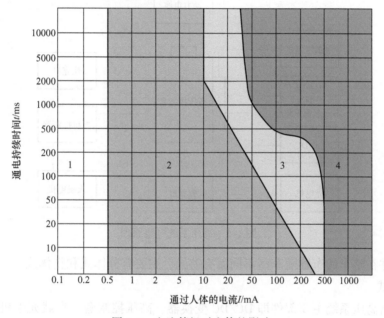

图 1-4 电流等级对人体的影响

区域 1 为无生理效应、没有感觉的带域，不论电击持续时间长短如何，都没有影响。区域 2 通常是有感觉，但无害的生理效应的带域。区域 3 通常是没有机体损伤、不发生心室颤动，但可能引起肌肉收缩和呼吸困难，可能引起心脏组织和心脏脉冲传导障碍，还可能引起心房颤动，以及转变为心脏停止跳动等可复性病理效应的带域。区域 4 为发生心室颤动危险的带域，会出现心室颤动、呼吸和脉搏停止，为极度危险区域。

1.2 高压系统

1.2.1 高压系统类型

新能源汽车高压系统电路原理见图 1-5。

高压控制盒是连接动力电池与外部用电设备或充电设备的控制机构，为了保护用电设备和动力电池使用安全,通过熔断器、继电器和控制板防止电流过大。

动力电池放电时,电能通过高压控制盒的熔断器分流给电机控制器、DC/DC、空调压缩机、PTC加热器等用电设备,超过额定电流,熔断器熔断,保护电路不损毁。

动力电池慢充时,车载充电机的充电电流经过高压控制盒充入动力电池,给电池补充电量。快充时,快充桩与车上快充接口连接后,双方进行握手通信,通过报文互相认证并通过后,接通在高压控制盒底部的2个快充继电器,快充桩的电流直接充入到动力电池。

与车上其他高压部件一样,高压控制盒盖上安装有高压互锁机构,在打开高压控制盒盖子后会切断高压互锁电路,切断高压电路,防止产生触电事故。

高压控制盒内部还有CAN线与其他部件通信。

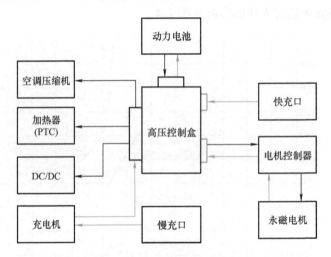

图1-5 高压系统电路原理

高压部件在整车的布置随车型不同而有差异,主要有分体式和整体式。

1. 分体式

分体式指高压系统主要部件即DC/DC变换器、高压控制盒、车载充电机、电机控制器由不同厂家提供,在发动机舱单独布置,见图1-6。

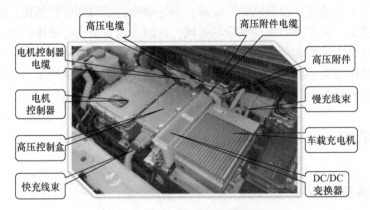

图1-6 分体式高压系统

2. 整体式

随着电子技术的发展及电动汽车技术的飞速发展，越来越多的车型将直流变换器（DC/DC）、高压控制盒、车载充电机、电机控制器整合成功率集成单元（PEU），俗称"四合一"高压电控总成，见图1-7。

图1-7 功率集成单元（PEU）

1.2.2 高压配电控制装置

常见的高压配电控制装置为高压控制盒。

1. 高压控制盒的作用

高压控制盒的主要功能是完成动力电池电源的输出及分配，实现对支路用电器的保护及切断。常见的高压控制盒共有5个端口，分别与交流充电（慢充）线束、直流充电（快充）线束、低压控制线束、高压附件线束、动力电池高压电缆、电机控制器电缆连接。图1-8为比亚迪e5高压电控总成。

2. 高压控制盒的结构

（1）高压控制盒外部连接　高压控制盒外部连接见图1-9。

高压控制盒与外部连接分低压控制线和高压电缆。低压控制线主要是完成内部电路控制和数据传输。高压电缆主要分为快充线束、慢充线束、动力电池高压电缆、电机控制器电缆和高压附件线束。高压电缆外表制造成显著的橙色是为了警告人注意高压电，其他高压线束包括DC/DC电源线、空调压缩机和PTC加热电源线。

（2）高压控制盒内部结构　高压控制盒实质上就是高压配电盒，把动力电池的电能经过熔丝和控制电路分配给各个部件，所以内部主要包含熔断器、PTC控制板、快充继电器三大部分。下面以北汽新能源EV200高压控制盒为例介绍内部结构。

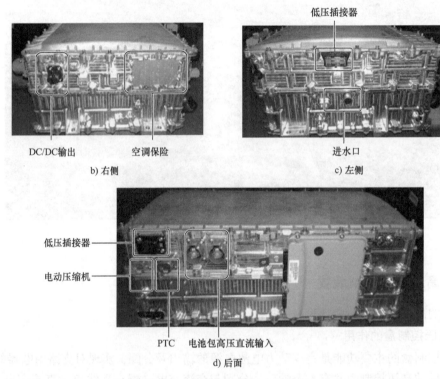

图 1-8 比亚迪 e5 高压电控总成

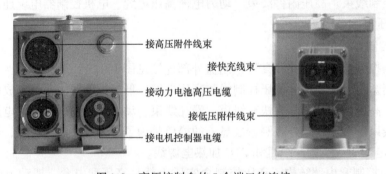

图 1-9 高压控制盒的 5 个端口的连接

1)熔断器。高压控制盒内部有 4 个大型的熔断器，PTC 熔断器、压缩机熔断器、DC/DC 熔断器和车载充电机熔断器，见图 1-10。

第1章 高压安全防护检查

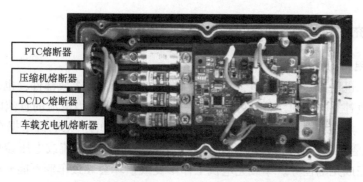

图1-10 北汽新能源EV200高压控制盒内部熔断器

2）控制电路。高压控制盒内部还有空调PTC加热控制电路板、高压互锁机构，见图1-11。

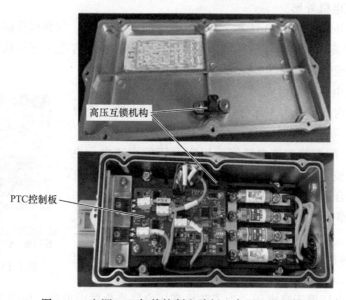

图1-11 空调PTC加热控制电路板、高压互锁机构

3）快充继电器（接触器）。在高压控制盒的底部有2个体积较大的快充继电器（接触器），一个是正极接触器，另一个是负极接触器，见图1-12。这2个继电器是为了满足快充电路控制需要，在接通快充桩后，车辆与快充桩识别认证正确后接通，电动汽车进入充电状态。

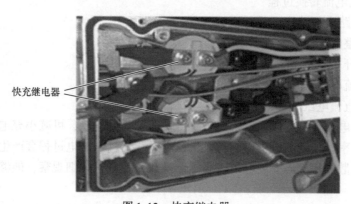

图1-12 快充继电器

1.2.3 车载充电机

1. 车载充电机的作用

车载充电机也称为交流充电机,它是电动汽车的一个重要组成部件,也是一种能为电动汽车的动力电池补充电能的设备,可将220V交流电转换为动力电池的直流电,实现动力电池电量的补给。为实现电动汽车动力电池安全、自动充满电,充电机依据车身集成控制器(VCU)和电池管理系统(BMS)提供的数据,自动调节充电电流或电压参数,满足动力电池充电需求,完成充电任务。车载充电机工作不良或损坏会导致车辆不能充电的故障或导致动力电池充不满电量的故障。

2. 车载充电机内部结构及电路原理

(1) 车载充电机外形

车载充电机外形如图1-13所示,一般安装在车辆的前部,与高压分配盒、电机控制器、DC/DC等总成安装在机舱内,带有散热片和散热风扇,外面有电线连接接口:交流输入端、直流输出端、低压通信控制端。

(2) 车载充电机内部组成

车载充电机内部可分为3部分:主电路、控制电路、线束及标准件。

1) 主电路。前端将交流电转换为恒定电压的直流电,主要是全桥电路整流,后端为DC/DC变换器,将前端转出的直流高压电变换为合适的电压及电流供给动力电池。

2) 控制电路。控制MOS管的开关、与BMS之间通信、监测充电机状态、与充电桩握手等。

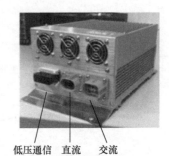

图1-13 车载充电机

3) 线束及标准件。用于主电路及控制电路的连接,固定元器件及电路板。

充电机工作电压属于高电压,为了防止高压电路产生触电危险,机壳上设计有高压互锁控制电路,并且与车身有可靠的绝缘性能,如果高压互锁电路没有连接或高压绝缘电阻偏低,电池管理系统(BMS)将阻断动力电池正负母线继电器的吸合,不能输出动力电池的电能。

(3) 充电机电流转换过程

充电机主电路内部转换过程:

1) 交流电整流成稳定的直流电压。

2) 用高频开关电路产生高频交流电。

3) 高频交流电压提升到合适的电压。

4) 整流成直流电压。

因采用高频电路转换电压,不采用传统的变压器提升电压,可减小充电机体积、降低重量、提高转换效率。车载充电机内部有大量的电子元器件,充电过程会产生大量的热,所以把外壳做成大量散热片,再安装电子风扇强制散热,充电时仔细观察,能够听到散热风扇工作的声音。

(4) AC/DC 电路原理

充电机工作电流的变换就是把民用交流电转换成动力电池充电所需的直流电,即交流电转换成直流电(AC/DC)的过程,电路原理如图 1-14 所示。变换的电流波形如图 1-15 所示。

图 1-14　充电机电流变换模块图

图 1-15　充电机内部电流的变换图

(5) 充电机输出电缆

经过充电机的电压变换,原来交流 220V 转换成动力电池额定高压直流(例:北汽新能源 EV 200 为 440V)电源,通过橙色高压电缆,将电流输入到动力电池。

3. 典型电动汽车车载充电机认知

车载充电机属于对电动汽车慢充的装备,北汽新能源 EV200 车载充电机输入电压为交流 220V,输出电压为直流约 440V,提供给动力电池的充电电流约为 7A,根据动力电池容量 30kW·h 测算,一般在 7~9h 充满蓄电池,充电机功率约为 3.4kW,电流约为 16A。

(1) 主要技术参数　北汽新能源 EV200 车载充电机主要技术参数见表 1-3。

表 1-3　北汽新能源 EV200 车载充电机主要技术参数

项　目		参　数
输入参数	输入相数	单相
	输入电压/V(AC)	220(±20%)
	输入电流/A	≤16(在额定功率下)
	频率/Hz	45~65
	启动冲击电流/A	≤10
	软启动时间/s	3~5
输出参数	输出功率(额定)/W	3360
	输出电压(额定)/V(DC)	240~410
	输出电流/A	0~7.5
	稳压精度	≤±0.6%
	负载调整率	≤±0.6%
	输出电压纹波(峰值)	<1%
转换效率	效率	≥99%
冷却方式	冷却	散热片、风冷

(2) 车载充电机上的指示灯　车载充电机上有三个指示灯，用来显示充电状况。

1）各指示灯功能

① Power 灯为电源指示灯（绿色），当接通交流电后，电源指示灯亮起。

② Charge 灯为正常工作指示灯（绿色），当充电机接通动力电池进入充电状态后，充电指示灯亮起。

③ Error 灯为警告灯（红色），当充电机内部有故障时亮起。

2）显示充电状况

① 充电正常时，Power 灯和 Charge 灯点亮。

② 当启动 0.5min 后仍只有 Power 灯亮时，有可能为动力电池无充电请求或已充满，没有对汽车充电。

③ 当 Error 灯点亮时，则说明充电系统出现异常，没有对汽车充电。

④ 当充电灯都不亮时，检查充电桩以及充电线束及插接器，没有对汽车充电。

(3) 充电机的保护功能　为了保护车载充电机免受过电流、过电压损坏，具有以下保护功能：交流输入过电压切断保护功能；输入欠电压警告和切断功能；输入过电流、欠电流切断保护功能；直流输出过电流切断保护功能；输出短路切断保护功能；输出电极接反保护功能。在输入电压远远超过额定电压时，会导致车载充电器烧毁。在长时间大电流充电状况下，车载充电器会积聚大量的热量，如果散热不良会导致车载充电器保护功能启用，降低充电电流，充电电流过大或温度过高会导致充电机损坏。

车载充电机还具有以下优点：

① 根据电池特性设计充电的曲线，可以延长电池的寿命。

② 使用方便，维护简单，单独对 BMS 进行供电，由 BMS 控制智能充电，无须人工值守。

③ 保护功能齐全，适用范围广，具有多重保护功能。

④ 整机温度保护为 75℃，当机内温度高于 75℃时，充电机输出电流变小，高于 85℃时，充电机停止输出。

4. 车载充电机控制电路

车载充电机为动力电池充电是多个部件参与工作的过程，从慢充接口输入民用电量，再用导线输入车载充电机，经过充电机转换成高压直流电，再用高压电缆输入动力电池。以充电电流流向的方块图表示整个充电过程，如图 1-16 所示。

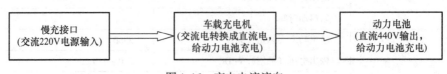

图 1-16　充电电流流向

1.2.4　DC/DC 变换器

1. DC/DC 变换器的作用

DC/DC 变换器简称为 DC/DC，是将动力电池的高压直流电转换为整车低压 12V 直流电，给整车低压用电系统供电及低压电池充电。

电动汽车整车控制中包括 VCU、BMS、MCU、车身电气等系统均采用 12V 低压供电，如果低压电源缺电或电压过低会导致电动汽车不工作或不能点亮 reday 灯，导致无法起动车辆。

2. DC/DC 变换器的结构及电路原理

（1）外部结构　DC/DC 变换器工作中会产生大量的热量，外壳一般带有散热片，外部连接端子与高压控制盒的高压输入电缆相连接，产生的低压直流电通过外部的低压输出正极端子、低压输出负极端子与低压电路相连接，DC/DC 变换器工作时通过低压控制端与仪表、VCU 等系统进行通信和信息交换，保证 DC/DC 变换器与整车协调工作。其外部结构如图 1-17 所示。

DC/DC 变换器及插接器也要进行防水、防尘，符合 IP67 防护等级要求。外部无灰尘杂物，通风良好，保证良好的散热。

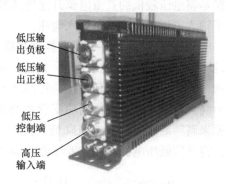

图 1-17　DC/DC 变换器外部结构

（2）内部结构　内部结构主要分为高压输入部分、电路板部分、整流输出部分，如图 1-18 及图 1-19 所示。高压输入部分主要是将从高压出来的高压直流电引入 DC/DC 变换器内部，电路板部分主要是把高压直流电转换成高压交流电，再把高压交流电降压至低压交流电，整流部分是将交流电进行整流转换成低压直流电。

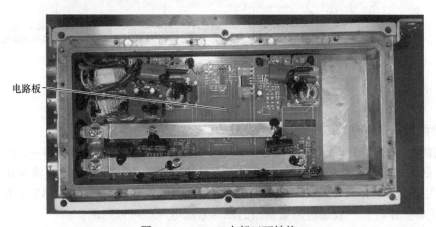

图 1-18　DC/DC 内部正面结构

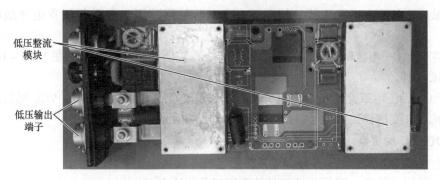

图 1-19　DC/DC 内部反面结构

(3) 电路工作原理 DC/DC 变换器的工作原理主要是斩波器的调压作用,斩波器是一种将电压值固定的直流电,转换为另一固定直流电压或可调电压的装置,电动汽车上是指直流对直流的转换。斩波电路是斩波器的核心组成部分,负责将输入直流电压转换成目标输出直流电压。根据输入输出电压大小、极性,斩波电路主要分为降压斩波电路、升压斩波电路、升降压斩波电路。降压斩波电路是将电压较高的直流电源降低为低压直流电,升压斩波电路是将电压较低的直流电源升至电压较高的直流电源,升降压型斩波器是指输出电压既可低于输入电压,也可高于输入电压。

电动汽车的 DC/DC 电压变换器是降压斩波电路,工作原理如图 1-20 所示,斩波电路分为四个部分:DC/AC、变压器、整流二极管、滤波电路。DC/AC 部分采用高频电路交替控制四个大功率管的导通和截止,将高压直流电转换成高压高频的 PWM 电源,其频率和占空比由高频电路的频率和控制功率管的导通时间决定,该 PWM 电源经过高频变压器的降压,将原来高频高压的电源电压降低,此时是高频低压电源,经过二极管的整流和电容器的滤波,将高频低压电源转换成低压直流电源,完成电压的变换,给整车和低压蓄电池供电。

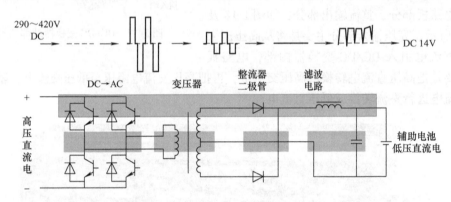

图 1-20 DC/DC 变换器电路(斩波电路)工作原理图

3. 电动汽车 DC/DC 变换器的技术参数

北汽新能源 EV200 车型的 DC/DC 正常工作状态下,输入直流高压 240~410V,在充电状况下,低压使能电压为 9~14V。上电后,正常的负荷下,DC/DC 输出直流电压在 13.8~14V,最大输出功率在 800W,采用风冷的冷却方式,电源转换效率大于 88%。在测量 DC/DC 是否正常工作时,一般通过测量输出的低压直流电压就可以判断。

DC/DC 变换器的工作状态的判断步骤如下。

① 保证整车线束正常连接的情况下,上电前使用万用表测量低压蓄电池端电压,并记录。

② 整车上 ON 电,继续读取万用表数值,查看变化情况,如果数值在 13.8~14V 之间,判断为 DC 工作。

整车 ON 档上电或充电唤醒上电,动力电池完成高压系统预充流程,VCU 通过低压控制线发给 DC/DC 变换器使能信号,DC/DC 变换器开始工作。

4. DC/DC 的更换

提醒:DC/DC 属于高压部分,更换需要遵循高压操作要求。

1) 工具设备检查,高压防护工具及拆卸工具的检查。

2) 操作作业前检查并实施车辆防护、个人安全防护,关闭电源,断开低压蓄电池。

3) 拆卸低压输出负极线束,拆卸低压输出正极线束,拆卸低压控制端线束,拆卸高压输入端线束。

4) 拆卸 DC/DC 变换器固定螺钉。

5) 更换并安装 DC/DC 变换器。

6) 进行 DC/DC 变换器工作状态检查,上电后测量输出电压是否在 13.8~14V 之间。

7) 检查安装情况,包括固定螺钉紧固和线束的接插到位。

1.2.5 动力电池及管理系统

1. 电动汽车动力电池的作用

动力电池是电动汽车的能量储存装置,是电动汽车的动力源,是电动汽车最重要的部件之一,它决定了电动汽车的动力性能、续驶里程,还影响到电动汽车的制造成本。动力电池输出电量为电动汽车提供电能,驱动车辆行驶,使用后,动力电池的电能不断减少,需要补充电能(充电),以恢复动力电池的电能。

电动汽车对动力电池的要求是比能量大、比功率高、充放电效率高、稳定性高、成本低、安全性高,使用优质的动力电池配置的电动汽车具有续驶里程远、加速快、使用寿命长的特点。电池比能量、比功率的提高是动力电池研究发展的方向,也是电动汽车与燃油汽车竞争的关键点之一。

目前常见的电动汽车动力电池主要有铅酸电池、磷酸铁锂电池、三元锂电池、钛酸锂电池、钴酸锂电池等。由于锂离子电池的快速发展,目前大部分电动汽车采用的是锂离子电池,铅酸电池在低速电动汽车、电动自行车、工程机械上还有使用。

2. 动力电池构造

动力电池系统主要由动力电池箱体、电池模组、电池管理系统、电池控制器及其他辅助元器件等组成,如图 1-21 所示。

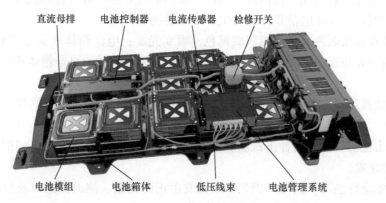

图 1-21 动力电池构成

(1) 动力电池箱体 动力电池箱体是动力电池的承载件,是支撑、固定、包围电池系统的组件,包含上盖和下托盘,还有辅助元器件,如过渡件、护板、螺栓等,主要用于保护动力电池在受到外界碰撞、挤压时不易损坏,在动力电池安全工作和防护方面起着重要作用。

动力电池总成箱体外形如图 1-22 所示，因为动力电池较重且体积大，除了车架外，动力电池是电动汽车最大的部件，接近车辆车厢底部面积，重量一般超过 200kg，为了提高行驶时的稳定性能，动力电池一般安装在车辆的底部，如图 1-23 所示。

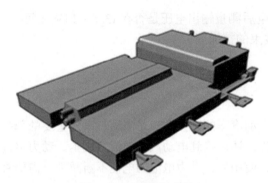

图 1-22　动力电池箱体　　　　　　　图 1-23　安装在汽车车底部的动力电池

为了保护内部的电池单体及电路，动力电池底部用钢材、铝合金或其他坚固的材料制成结实密封的底壳，底壳有固定脚，把动力电池总成通过螺栓固定在车身底部，为了保养维修的需要，大部分电动汽车动力电池可以从车身上拆卸下来。动力电池的上部分采用钢材或树脂进行密封，保证动力电池具有良好的防尘、防水性能，符合 IP67 的防护等级要求，常温下，短时间内可以承受浅水浸泡而不会渗水，不会对内部电池造成有害影响，所以电动汽车可以承受短时的雨水飞溅、浸湿，而不影响汽车正常的使用。

动力电池外部还有 2 组重要的电路端子与车身电路相连接，一组是动力电池的总正、总负端子，另一组是动力电池的电池管理系统（BMS）与车身控制系统（VMS）连接的控制电路端子。动力电池外部还有安全检修开关、电池冷却系统等辅助装备。这些安装在电池外部的所有部件都有密封措施，在拆卸、维修、保养动力电池时对所有相关密封部件按照维修手册要求操作安装，保证电池良好的防尘、防水性能。

电池箱体外表面颜色通常为银灰或黑色，喷亚光漆；电池箱体表面不得有划痕、尖角、毛刺及残余油迹等外观缺陷，焊接处必须打磨圆滑。另外，动力电池箱体还需满足诸多功能需求：

1）耐振动强度高。静强度一般比较容易达成，而振动强度和疲劳耐久性是保证动力电池安全的重点。

2）耐冲击性能强。经历冲击试验后，要求箱体外部及内部不应有机械损坏、变形和紧固部位的松动现象。

3）碰撞安全性能高。这是考虑到车辆在发生正面碰撞、侧面碰撞以及后碰撞过程中可能对电池箱体造成挤压破坏所提出的要求。

4）密封性能要求高。电池位于车身底板下方，在车辆外侧，且离路面很近，防水、防尘的密封要求必不可少。

5）防腐性能要求高。动力电池箱体极易沾雨水、泥浆，是腐蚀重灾区，其防腐性能要求较高。

6）阻燃性能好。为提高动力电池的使用安全性，动力电池箱体应具备良好的阻燃性能。

7）抗石击性能强。动力电池箱体在车辆行驶过程中易受到飞石撞击，为此需增加防护性设计。

8）无积水结构。电池箱体上方应避免凹台出现，否则易形成不必要的积水。

9）轻量化设计。考虑到车辆的综合性能表现，电池箱体应尽量追求轻量化。

（2）动力电池内部构造　动力电池内部可分为3部分：电池单体、电池管理系统BMS、辅助元器件。

1）电池单体。动力电池电能储存的最小单元是电池单体。根据电动汽车的电能管理要求，多个电池单体进行并联或串联简单组合成电池模块，多个电池模块串联成电池模组，多个电池模组串联成电池包，电池包再组成动力电池。动力电池组成如图1-24所示。

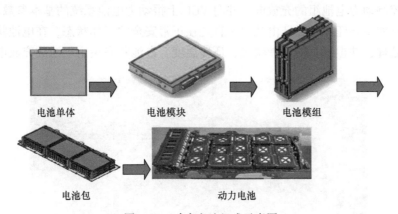

图1-24　动力电池组成示意图

电池单体的比能量、比功率决定了动力电池的性能，从而决定了电动汽车的续驶里程。提高电池单体的性能是各大电动汽车制造商、动力电池制造商竞争的关键。平时称某种电池采用的正极材料是什么，比如磷酸铁锂电池，就是指电池单体的正极材料是由磷酸铁锂制成的。目前大部分电动汽车动力电池采用的是磷酸铁锂电池和三元锂电池。

磷酸铁锂电池是指$LiFePO_4$为电池的正极材料的可充电锂离子电池。三元锂电池（镍钴锰酸锂）是指以Ni、Co、Mn三种金属元素为正极材料的可充电锂离子电池。Co元素能有效减少阳离子混排，降低阻抗值，提高电导率及改善充放电循环性能，但随着Co元素增加，材料的可逆嵌锂容量下降，成本增加。Ni元素的存在有利于提高材料的可逆嵌锂容量，但过多的Ni元素会使材料的循环性能恶化。Mn元素可以降低材料成本，而且结构稳定，可提高材料的稳定性和安全性。Mn元素含量过高会出现尖晶石而破坏材料的层状结构。但是三元锂电池比能量大于磷酸铁锂电池，在乘用车上使用较为广泛。

电池单体在组合成动力电池时，一般采用先并联再串联的组合方式，如北汽新能源EV200电动汽车动力电池采用3P91S的组合，3片电池单体并联成电池模块，91个电池模块再进行串联，每片电池单体容量30.5A·h，电压3.65V，组合成容量91.5A·h，电压为332V的动力电池，可以储存30.4kW·h的电量。

电池单体性能主要有容量、内阻、充放电次数、电压和电流等参数，容量可以用充放电测试仪测量，内阻采用内阻测试仪测量，装在动力电池里的电池单体参数必须符合选配要求，并且要求一组动力电池所有电池单体各参数基本一致（差别越小越好）。由于制造的一致性问题、使用中的不同状况等原因，导致电池单体容量、内阻产生细小差异，经过电池多次的充电和放电后，电池单体的储存电量、电压差异不断变大，BMS为了保护电池单体安全，只能减少动力电池充放电压，往往以容量最小的电池单体电压作为充放电结束的指标，电池单体的不一致性导致动力电池储存电量的衰减，直接减少电动汽车的续驶里程，此时需要对电池单体容量和工作电压检测，更换电压偏差较大的电池单体，或对动力电池的电池单体进行平衡，以减小电池单体容量、电压的差异，恢复动力电池储电容量。

2）电池管理系统BMS。电池管理系统（图1-25）是电池保护和管理的核心部件。在动力电池系统中，BMS的作用相当于人的大脑，它不仅要保证电池安全可靠的使用，而且要充分发挥电池的能力和延长使用寿命，作为电池和整车控制器以及驾驶人沟通的桥梁，通过控制接触器控制动力电池组的充放电，并向VCU上报动力电池系统的基本参数及故障信息。电池管理系统的主要任务是保证电池组一直处在正常安全的工作状态，在电池状态出现异常时及时响应处理，并根据车辆行驶状态、环境温度、电池状态决定电池的充放电功率等。

图1-25　电池管理系统

① BMS电池管理系统的组成：按性质可分为硬件和软件，按功能分为数据采集单元和控制单元。

BMS的硬件包括主板、从板及高压盒，还包括采集电压、电流、温度等数据的电子元器件。

② BMS电池管理系统功能。BMS的功能主要包括：估算电池组荷电状态（SOC）；动态监控电池组的工作状态；单体电池的均衡；动力电池内部温度控制；与其他控制器进行通信。BMS实时采集电池的电压、电流、SOC值、绝缘电阻值、温度等数据，实时监控动力电池的工作状态、判断电池发生的故障，并通过CAN线与VCU或充电机进行通信，对动力电池系统充放电等进行综合管理。此外电池管理系统还具有高压回路绝缘检测功能以及为动力电池系统加热功能。

SOC用来提示动力电池组剩余电量，是计算和估计电动汽车续驶里程的基础。只有

BMS准确估算电池组的SOC才能有效提高动力电池组的利用效率，防止由于过充电或过放电对电池造成损伤，有效保障动力电池组的使用寿命。

此外，电池管理系统还负责与整车、充电机等建立联系，接收加速、充电等操作需求信息，及时调整电流输出。

③ 电池管理系统对动力电池的温度监控。电池管理系统对动力电池的温度监控是通过限制充放电电流大小以降低发热量，控制动力电池温度不过高。在冬季，动力电池的温度低于 -5℃时，BMS会中止充电和放电，此时BMS打开内部加热电路，安装在动力电池底部的电热丝对电池单体加热，以提升内部温度，恢复动力电池的充电和放电，保障电动汽车正常行驶。

动力电池防止温度过热的控制也是电池管理系统的重要内容，动力电池是储存大量电能的电子器材，在充放电过程会产生大量的热能，在设计时必须考虑电池单体和电子器材的工作温度不超过正常值。动力电池的散热一般采用自然散热，内部热量通过动力电池外壳散发，有些电能容量大、发热量大的动力电池采用冷却液散热，在动力电池内部设计冷却液循环通道，促进动力电池的快速散热，保证内部工作温度正常。如果动力电池温度还是较高超过设定值，BMS通过限制充电或放电电流，减少电池单体和电路的发热量，来控制动力电池内部温度。如果动力电池温度超过限值，BMS通过仪表报警，甚至切断充电、放电电流，以保护动力电池不受损坏。极端情况下，动力电池内部温度过高，BMS切断动力电池电流但电池温度仍很高，电池单体温度持续升高，导致内部隔膜绝缘破坏，电池内部短路而温度快速升高，引发冒烟、起火事故。

BMS管理模块内储存大量运行软件，通过控制策略保障动力电池安全、高效运行，并把检测到的故障通过数据线报告给仪表及解码仪。

BMS的管理电源是采用12V的低压电池作为BMS的电源，通过低压电源去控制动力电池的高压电路，如控制总正、总负继电器。

3）辅助元件。辅助元件主要是动力电池内部其他重要材料，比如电池组之间连接导线和连接螺栓、继电器、熔丝、插接器、密封材料、绝缘材料、电池单体固定等材料，是为了安全实现动力电池充电、放电功能的辅助材料，也直接影响动力电池的性能，如图 1-26 所示。

图 1-26 动力电池内部的辅助材料

辅助材料还有一个重要的功能，就是动力电池外壳的散热功能，动力电池外壳不能覆盖防护板或底盘装甲，以保证正常的散热能力，保护内部工作温度正常。

① 电流传感器。电流传感器用来监测母线充、放电电流的大小，类型为无感分流器，在电阻的两端形成毫伏级的电压信号，作为监测总电流，如图1-27所示。

动力电池母线电流监测如图1-28所示。

北汽新能源对SK三元锂电池规定充电截止电压4.14V，放电截止电压3.50V，留出0.5V余量可以保证电池不会过充电、过放电。

图1-27　电流传感器

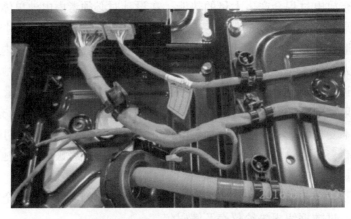

图1-28　动力电池母线电流监测

② 熔断器。熔断器防止能量回收过电压过电流或放电过电流，如图1-29所示。

图1-29　熔断器

熔断器规格有多样，图1-29中的熔断器最大电流为250A，电压为500V。

③ 加热继电器与熔断器。充电前检测箱体内部温度，保障电池单体的温度范围在0～55℃之间（慢充）或5～55℃之间（快充），才可以充电。加热继电器与熔断器如图1-30所示。

（3）电池控制器　电池控制器（PRA），又称动力电池继电器盒，如图1-31所示。电池控制器是控制动力电池高压直流电输入与输出的开关装置，也是动力电池故障诊断的重点关注对象。内部包含多个继电器，电池管理系统完成对继电器的驱动供给和状态检测，继电

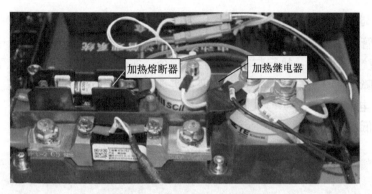

图 1-30 加热继电器与熔断器

器控制往往是和整车控制器协调后确认控制器,而安全气囊控制器输出的碰撞信号一般与继电器控制器断开直接作用,为了保证动力电池组的正常使用及性能的发挥,继电器闭合、断开的状态以及开关的顺序都很重要。

动力电池继电器盒主要包含总正继电器、总负继电器、预充继电器、预充电电阻、继电器电源/控制插件、电压检测插件、高压插件、母排等。

图 1-31 电池控制器

其内部主要部件如图 1-32 所示,其中正极继电器和预充电电阻继电器的开闭由 BMS 控制,负极继电器的开闭由 VCU 控制;预充电阻用来缓和瞬时高压,达到保护动力电池的目的。

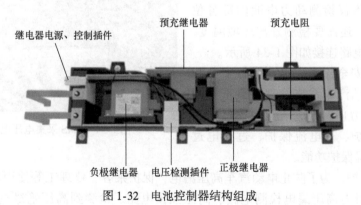

图 1-32 电池控制器结构组成

3. 动力电池管理及控制策略

动力电池管理主要是为了对动力电池的安全和性能的监控，保证车辆及电池安全、高效运行，高压系统安全供电；执行整车控制器的指令，实现电池对外部负载上下电；实现制动能量回馈；保障电池充放电过程安全、合理；实现电池信息与外部交流通信。

（1）动力电池低压电路

动力电池低压电路如图 1-33 所示。

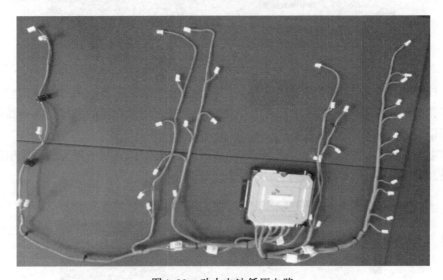

图 1-33 动力电池低压电路

动力电池低压电路主要有 BMS、低压检测及控制电路，主要有电池单体电压（均衡）采集电路、温度传感器、正负接触器电路、加热控制电路、信息通信电路等。

低压电路所需电源通过低压蓄电池供电或 DC/DC 转变成低压电源。

（2）电池状态监测　电池状态监测一般指 BMS 对动力电池的电压、电流、温度这三种参数的监测，是电池管理系统最基本的功能，是其他各项功能实现的前提与基础。

BMS 监测动力电池的总电压、电流，还监测每块电池单体充放电时的电压、电流。温度监测不仅检测动力电池内部各位置的环境温度，还需要检测外部环境温度。BMS 采集电压电路连接如图 1-34 所示。

（3）电池安全保护　电池保存安全和使用安全是电动汽车系统管理中最重要的功能，也是动力电池管理最重要的内容，一般有高压保护、过电流保护、过充电过放电保护、过温保护功能。

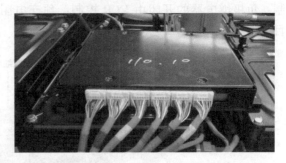

图 1-34 BMS 采集电压电路连接

1）高压保护。为了防止电动汽车高压漏电，保护乘客、修理工等使用者不受高压电的伤害，BMS 设计有高压漏电检测电路、高压互锁电路。检测到高压绝缘电阻低于安全值，BMS 通过降低动力电池输出功率、切断高压电路等措施避免漏电引起的触电事故，并通过

VCU 向仪表点亮警告灯；BMS 检测到高压互锁电路被断开，判断高压电路被打开，存在乘客、修理工触电风险，BMS 切断高压电路并通过 VCU 向仪表点亮警告灯。高压检修开关也是高压保护的一个重要部件，在车辆检修时断开高压检修开关，切断高压电路，保护修理工免受触电危险。

2）过电流保护。过电流保护也被称过流保护，指在充、放电过程中，如果工作电流过大，超过了安全值，BMS 采取相应的保护措施，充电时，通常发指令给充电机或充电桩降低充电电流，甚至切断动力电池充电电路，保护电路、电池的安全，放电时，通常发指令给电机控制器限制输出电流，甚至切断动力电池充电、放电电路，以保护电路、电池的安全。

3）过充电过放电保护。过充电保护是指动力电池荷电状态为 100% 的情况下或电池单体最高电压超过上限时，为了防止继续充电对电池单体造成损坏，BMS 切断高压电路。

过放电保护是指动力电池荷电状态为 0% 情况下或电池单体最低电压低于下限时，为了防止继续放电导致电池单体损坏，BMS 切断高压电路。

充、放电时，正常情况下动力电池内部电池单体电压基本一致，电池能正常使用，但是存在制造上的一致性差异，或使用一段时间后，电池单体存在内阻变化的差异、容量变化的差异，会出现个别电池单体电压过高或过低现象，影响动力电池的正常使用。BMS 对电池单体电压实时监测，并作出相应动作，电池单体间电压超过 300mV，BMS 通过 VCU 向仪表报警，电池单体间电压超过 500mV，BMS 通过 VCU 向仪表报警的同时直接切断高压电路，以保护电池单体不受更大损伤。充电时，动力电池内部某个电池单体电压过高，其他电池单体电压还未到最高电压，但 BMS 进行过充电保护而终止充电，此时动力电池大部分电池单体的电量还未充满。放电时，动力电池内部某个电池单体电压过低，其他电池单体电压还未到最低电压，但 BMS 进行过放电保护而终止放电，此时动力电池大部分电池单体的电量还未释放完。这两种原因都导致电动汽车续驶里程短的故障，通过读取动力电池的电池单体电压，对存在电压异常的电池单体进行放电或补电，如果电压异常的电池单体性能仍达不到其他电池单体的性能，则需要更换该异常的电池单体，并且新换的电池单体与其他电池单体的内阻、容量、电压相一致且均衡，以恢复电动汽车的续驶里程。出现续驶里程短、电池容量降低的故障时，大部分电动汽车需要拆卸动力电池总成，拆解电池组，用电池平衡仪进行电池单体电压的平衡，以恢复动力电池的容量，但高端的电动汽车 BMS 检测到电池单体之间电压偏差过大时，可以在充电时自动均衡，节省人力和时间成本。

（4）能量控制管理　能量控制管理就是动力电池的充放电管理和剩余电量管理。

1）充电控制管理。充电控制管理是指电池管理系统在电池充电过程中对充电电压、充电电流、充电时间、充电温度等参数进行实时的优化控制，包括 BMS 与充电桩的握手对接及数据交换。

充电包括慢充和快充，商业化的充电桩安装了计费系统，读取充值卡余额，计费系统开始计费后充电系统进入充电状态。连接慢充电枪后，慢充电枪与车载充电端子数据进行判断后就进入充电状态。连接快充电枪后，BMS 与充电桩采用 CAN 线用报文数据交换，互相识别型号和允许最大、最小充电电流、最高充电电压等重要参数，同时进行高压绝缘检测、剩余电量计算等，充电桩检测符合充电条件后 BMS 才接通总正、总负动力线，允许动力电池补充充电。

在充电时，BMS 检测到动力电池 SOC 值到 100% 或电池单体电压达到了规定值上限（磷酸锂电池为 3.7V，钴酸锂电池为 4.2V，三元锂电池为 4.2V，碳酸锂电池为 2.75V），发出指令关闭高压电路切断充电电路，并发出报文。

制动能量回收也是能量管理的重要内容，电动汽车高速行驶中松加速踏板或制动时，电机控制器把电机发出的交流电能转化成直流电能并储存到动力电池中，制动能量回收能提高能量利用率，延长电动汽车的续驶里程。为了有能量回收的能力，有些电动汽车的动力电池 SOC 值处于 90%~95%，剩下 5%~10% 的空间给予吸收剩余电量。有些微型电动汽车，为了节约成本，没有留出少量能量储存空间，所以充满电开始行驶的时候无法进行制动能量回收，使用 5%~10% 电量后，才有制动能量回收。

2）放电管理。动力电池的放电管理是指在电池的放电过程中根据电池的状态对放电电流大小进行控制。加入放电控制管理功能，能防止动力电池组过放损坏，而且能保障动力电池发挥更大的效能。比如 SOC 显示 20% 的剩余电量，BMS 发出低电量警报并发出指令给电机控制器限制电流输出，有利于延长电动汽车续驶里程，让电动汽车行驶回家，如果 SOC 值到 0 时，BMS 切断总正、总负继电器，切断放电总线，保护动力电池，防止电池单体过放电。

BMS 检测到动力电池有过热时，除了仪表上报警，还发指令给电机控制器降低电机输出功率，发指令给其他需电量大的设备关闭用电，比如后窗加热器、座椅加热、空调等。温度超过限制则关闭总正、总负电源，电机温度正常后再吸合总正、总负电源，恢复行驶。

3）剩余电量管理。驾驶人使用电动汽车时，会参照燃油车的特点去观察这个剩余电量显示表，判断车还能行驶多少时间、多少里程，因为电动汽车的缺点就是续驶里程短，驾驶人更会关注电动汽车还能行驶多少里程。剩余电量就好比是燃油汽车的燃油表，反映该车余下的电量能行驶多少里程，方便驾驶人规划行驶路线，保障汽车行驶到目的地。剩余电量在汽车仪表板上正确显示。

4）温度控制管理。温度控制保护电池组内部温度处于正常范围内，防止温度过低或温度过高损害电池单体或其他电气设备。动力电池内部温度低于 0℃ 时，BMS 报警并切断动力总线，停止充放电。部分电动汽车具有为动力电池内部的电池单体用电热丝加热的功能，加热电池单体至正常温度，方便冬季使用汽车。

为了保护电池单体温度不过高，动力电池内部多个部位安装温度传感器，检测到温度高于 50℃ 时，BMS 报警并降低功率、切断动力总线或停止充放电，温度降低至 50℃ 以下时，动力电池恢复正常充放电。

(5) 电池信息管理　大量锂离子电池工作时每一秒钟都会产生大量的监控数据，这些电池的监控数据通过 BSM 与充电桩、仪表、VCU、MCU、车载充电器等进行大量的数据交换。为保证电动汽车的正常使用，动力电池的剩余电量、存在的故障、电池温度、充放电电流等相关信息被 BMS 通过 CAN 传输给仪表，并通过仪表来显示。也有一些数据作为历史数据保存在系统中。

1）电池信息的显示。电池管理系统通过仪表把电池状态信息显示出来，告知驾驶人或维修人员，一般显示信息有以下三类：

① 实时电压、电流、温度显示，一般显示整个动力电池组的总电压、总电流、电池单体最高电压、电池单体最低电压、动力电池最高电压和最低电压。

② 剩余电量信息显示，与传统燃油汽车类似，电动汽车用百分比显示剩余电量，为了有更直观的感受，仪表也显示估算出来的剩余行驶里程。

③ 警告灯显示，当整车控制或动力电池组存在安全问题，如绝缘性能下降、电流过大、内部温度过高、电池单体电压过低过高，此时 BMS 需要及时通过仪表告知驾驶人采取措施或去服务站维修。

2）系统内外信息的交互。电动汽车的控制依靠车载通信网络，汽车各动力电池的管理系统具有外网和内网的关系，其中"内网"用于传递、交换动力电池管理系统的内部信息，比如监控的每一块电池单体的电压信息实时传入 BMS。"外网"用于 BMS 与快充桩、整车控制器、电机控制器、车载充电器等部件进行信息交换，将 BMS 监测到的电池单体电压、电流、温度等信息发送给快充桩、整车控制器、电机控制器等相关部件，同样整车控制器也需要将绝缘监测、快充接入监测、是否允许充电等大量重要的信息发送给 BMS，以做到协调工作。

3）电池历史信息存储。功能完善的动力电池具有历史信息存储功能，有以下几方面的作用：

① 数据缓冲，提高分析估算的精度。由于存在干扰，实时监测到的电压、电流数据会存在偏差，利用历史数据，有助于对存在的错误数据进行过滤，以得到准确的数据。

② 帮助电池状态分析。能根据一段时间电池单体的历史数据，对动力电池的老化状态进行评估。

③ 帮助故障分析与排除。动力电池内部存储的历史信息帮助维修人员对车辆数据的分析或故障的判断，以便快速排除故障。

1.2.6 驱动电机与控制器

驱动电机系统是电动汽车中十分重要的部件，是电动汽车三大核心部件之一，是车辆行驶的主要执行机构，其特性决定了车辆的主要性能指标，直接影响车辆动力性、经济性和用户驾乘感受。

电动汽车电机驱动系统按所选电动机的类型可分为直流电机、无刷直流电机、异步电机、永磁同步电机和开关磁阻电机等。

永磁同步电机具有高效、高控制精度、高转矩密度、良好的转矩平稳性及低振动噪声等特点，受到了国内外电动汽车界的高度重视，是最具竞争力的电动汽车驱动电机系统之一。北汽新能源 EV200 的驱动电机就采用永磁同步电机。

1. 驱动电机的作用和组成

驱动电机是将动力电池的电能转变为机械能的动力输出装置。驱动系统通常由驱动电机（DM）、驱动电机控制器（MCU）构成，通过高低压线束、冷却管路与整车其他系统作电气和散热连接，如图 1-35 所示。

整车控制器（VCU）根据驾驶人意图发出各种指令，电机控制器进行响应并反馈，实时调整驱动电机输出，以实现整车的怠速、前行、倒车、停车、能量回收以及驻坡等功能。电机控制器的另一个功能是通信和保护，实时进行状态和故障检测，保护驱动电机系统和整车安全可靠运行。

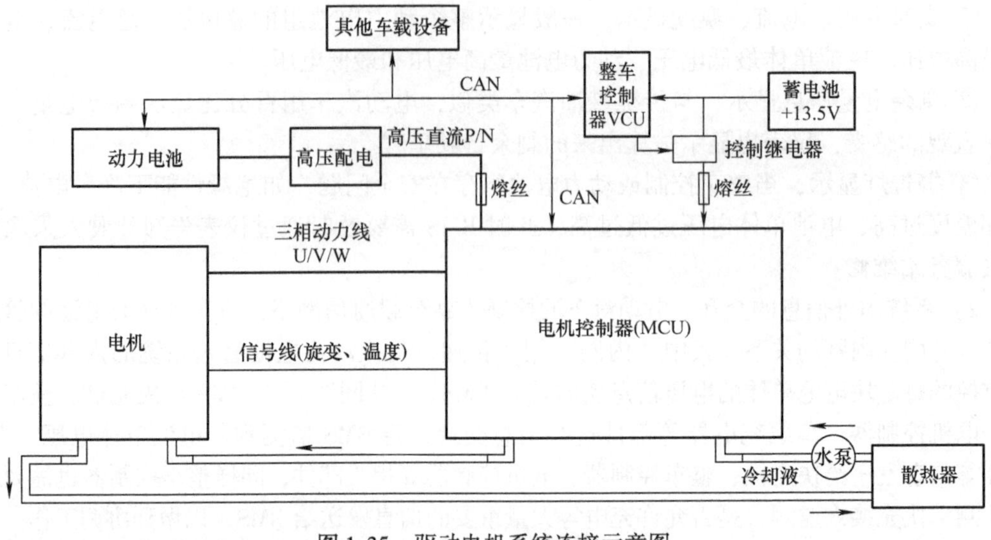

图 1-35 驱动电机系统连接示意图

2. 驱动电机和控制器的工作原理

北汽新能源 C33DB 的驱动电机采用的是永磁同步电机。其外形和剖面图如图 1-36 所示。

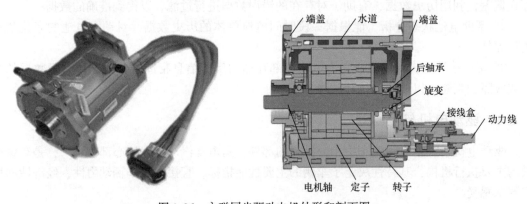

图 1-36 永磁同步驱动电机外形和剖面图

驱动电机的主要零件分布见图 1-37。

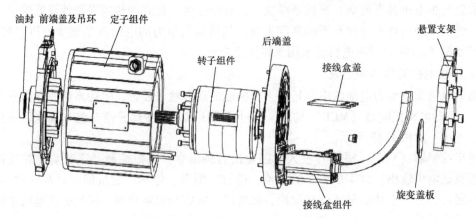

图 1-37 驱动电机主要零件分布图

C33DB 驱动电机和控制器的指标参数见表 1-4 和表 1-5。

表 1-4　北汽新能源 C33DB 驱动电机指标参数

类型	永磁同步
基速	2812r/min
转速范围	0~9000r/min
额定功率	30kW
峰值功率	53kW
额定转矩	102N·m
峰值转矩	180N·m
重量	45kg
防护等级	IP67
尺寸（定子直径×总长）	(Φ) 245mm×(L) 280mm

表 1-5　北汽新能源 C33DB 驱动电机控制器指标参数

直流输入电压	336V
工作电压范围	265~410V
控制电源	12V
控制电源电压范围	9~16V
标称容量	85kV·A
重量	9kg
防护等级	IP67

驱动电机是电动汽车动力系统的重要执行机构，是将电能转变为机械能的部件，且自身的运行状态等信息可以被采集输送到电机控制器。依靠内置传感器来提供电机的工作信息，这些传感器包括：旋转变压器和温度传感器。其中旋转变压器用以检测电机转子位置，控制器对其信号进行解码后可以获得电机转速。而温度传感器用以检测电机的绕组温度，以便控制器可以保护电机避免过热。

在 C33DB 中，驱动电机控制器采用三相两电平电压源型逆变器，是驱动电机系统的控制中心，又称智能功率模块，以 IGBT（绝缘栅双极型逆变器晶体管）模块为核心，辅以驱动集成电路、主控集成电路，如图 1-38 所示。

驱动电机控制器负责对所有的输入信号

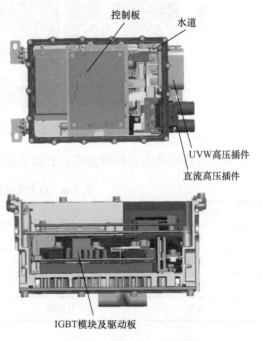

图 1-38　驱动电机控制器

进行处理，并将驱动电机控制系统运行状态的信息通过 CAN 网络传送至整车控制器。同时驱动电机控制器内含有故障诊断电路。当诊断出异常时，它将会激活一个故障码，发送给整车控制器，同时也会存储故障码和冻结数据帧。

驱动电机控制器使用以下传感器来提供驱动电机系统的工作信息。

（1）电流传感器　用以检测电机工作的实际电流（包括母线电流、三相交流电流）。

（2）电压传感器　用以检测供给电机控制器工作的实际电压（包括动力电池电压、12V 蓄电池电压）。

（3）温度传感器　用以检测电机控制系统的工作温度（包括 IGBT 模块温度、电机控制器板载温度）。

在驱动电机系统中，驱动电机的输出动作主要是靠控制单元给定的命令执行，即控制器输出命令。控制器主要是将输入的直流电逆变成电压、频率可调的三相交流电，供给配套的三相永磁同步电机使用，如图 1-39 所示。

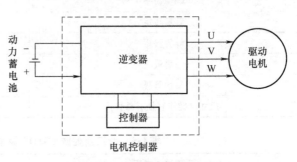

图 1-39　驱动电机和控制器

1.2.7　高压电缆

北汽新能源 EV200 整车共分为 5 段高压，均为橘黄色标记。

1. 动力电池高压电缆

动力电池高压电缆为连接动力电池到高压盒之间的电缆，见图 1-40。

图 1-40　动力电池高压电缆

其中左端子接高压控制盒端，右端子接动力电池端，各针脚定义见表 1-6。

表 1-6　动力电池高压电缆端子针脚定义

针 脚 号	定　义	针 脚 号	定　义
A 脚	电源负极	1 脚	电源负极
B 脚	电源正极	2 脚	电源正极
C 脚	互锁线	中间	互锁端子
D 脚	互锁线		

2. 电机控制器电缆

电机控制器电缆为连接高压控制盒到电机控制器之间的电缆，外形见图1-41。

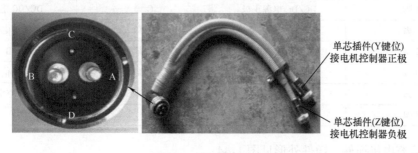

图1-41　电机控制器电缆

高压控制盒端各针脚定义见表1-7。

表1-7　电机控制器电缆端子针脚定义

针脚号	定义
A脚	电源负极
B脚	电源正极
C脚	互锁线
D脚	互锁线

3. 快充线束

快充线束是连接快充口到高压盒之间的线束。

4. 慢充线束

慢充线束是连接慢充口到车载充电机之间的线束。

5. 高压附件线束（高压线束总成）

高压附件线束是连接高压盒到DC/DC、车载充电机、空调压缩机、空调PTC之间的线束，见图1-42。

（1）接高压控制盒插件　插件外形见图1-43，各针脚定义见表1-8。

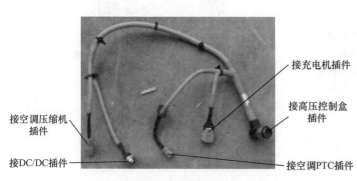

图1-42　高压附件线束

图1-43　接高压控制盒插件外形

表1-8 接高压控制盒插件针脚定义

针 脚 号	定　　义	针 脚 号	定　　义
A 脚	DC/DC 电源正极	G 脚	DC/DC 电源负极
B 脚	PTC 电源正极	H 脚	压缩机电源负极
C 脚	压缩机电源正极	J 脚	PTC - B 组负极
D 脚	PTC - A 组负极	L 脚	互锁信号线
E 脚	充电机电源正极	K 脚	空引
F 脚	充电机电源负极		

(2) 接充电机插件　插件外形见图1-44。

(3) 接空调压缩机插件　插件外形见图1-45。

图1-44　接充电机插件外形

A—电源负极　B—电源正极　中间—互锁

图1-45　接空调压缩机插件外形

1—电源正极　2—电源负极　中间—互锁

(4) 接 DC/DC 插件　插件外形见图1-46。

(5) 接空调 PTC 插件　插件外形见图1-47。

图1-46　接 DC/DC 插件外形

A—电源负极　B—电源正极

1—互锁信号输入　2—互锁信号输出

图1-47　接空调 PTC 插件外形

1—PTC - A 组负极　2—PTC - B 组负极

3—电源正极　4—互锁信号线

1.3　维修安全防护

1.3.1　维修场地供电要求

工作环境的好坏将直接影响事故是否发生,新能源汽车维修车间由于涉及高压电安全,因此对场地的干燥、通风、供电等要求要比普通汽车维修车间更高。

1. 使用面积

高压维修车间的面积根据实际要求确定，并应符合国家相关规定。

2. 采光要求

明亮的车间可以让车辆维护人员能够更加清楚地观察到周围的部件及物体，避免因为视线不好意外触碰到高压而发生危险，同时也能够有利于其他人员及时观察到可能存在的隐患。

维修车间的采光应按照 GB 50033—2013 的有关规定执行。采光设计应注意光的方向性，应避免对工作产生遮挡和不利的阴影。对于需要识别颜色的场所，应采用不改变自然光光色的采光材料。

3. 照明

当天然光线不足时，应配置人工照明，人工照明光源应选择接近天然光色温的光源。维修车间的照明要求应符合 GB 50034—2013 的有关规定。进行精细操作（例如：画线、金属精加工、间隙调整等）时，工作台、仪器、设备等的工作区域的照度不应低于500lx。照度不足时应增加局部补充照明，补充照明不应产生有害眩光。

4. 干燥

干燥是为了降低维护区域人员的触电风险。因为当湿度增加时，人体和空气的绝缘电阻就会增加，那么在相同的电压下，人体触电的风险也就增加了。因此高压车间必须保持干燥。

5. 通风

通风有利于在维护车辆期间产生的有害物排出。并且在发生触电事故的情况下，通风的环境能够更加有利于伤者呼吸到更多的氧气。

通风应符合 GB 50016—2014 和工业企业通风的有关要求。

6. 防火

应符合 GB 50016—2014 有关厂房、仓库防火的规定以及 GB 50067—2014 的有关规定。

7. 卫生

卫生应符合 GBZ 1—2010、GB/T 12801—2008 的有关要求。

1.3.2 维修场地高压安全防护措施

维修场地高压安全防护措施主要包括个人的安全防护、安全警告标识以及对工作环境的选择和正确的操作流程等。

1. 个人安全防护

维修带有高压电的车辆，维护人员必须做好防止被高压电击伤的安全防护。虽然现有电动汽车都设计有很好的防止意外触电功能，但是针对事故车辆及这些车辆的高压动力电池组总成是始终存在高压电的。个人防护设备主要是绝缘手套、护目镜、绝缘鞋，以及非化纤材质的衣服，如图1-48所示。

（1）绝缘手套　用于高压车辆维修用的绝缘手套通常具有两种独立的性能，其一是在进行任何有关高压组件或线路的操作时，需要使用橡胶制成的电工绝缘手套，并能够承受

1000V 以上的工作电压。其二是具备抗碱性,当工作中接触来自高压动力电池组的氢氧化物等化学物质时,防止这些物质对人体组织的伤害。

绝缘手套需要定期检验,而且在每次使用前必须自己进行是否泄漏检查。检查的方法是向手套内吹入一定的空气,观察手套是否有漏气的风险,如图 1-49 所示。

图 1-48　个人防护用品

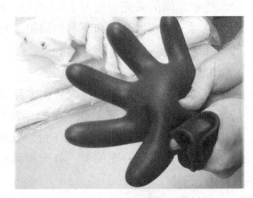

图 1-49　绝缘手套检查

绝缘手套检查及使用的具体流程见图 1-50。

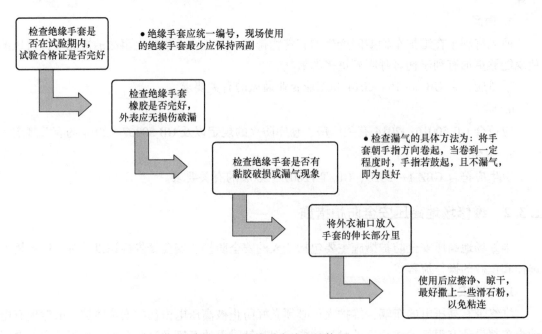

图 1-50　绝缘手套检查及使用

(2) 护目镜　戴上合适的眼部防护的护目镜(图 1-51),可以防止电池液的飞溅。高压电车辆维修用的护目镜应该具有侧面防护功能,防止维修过程中产生的电火花对眼睛的伤害。

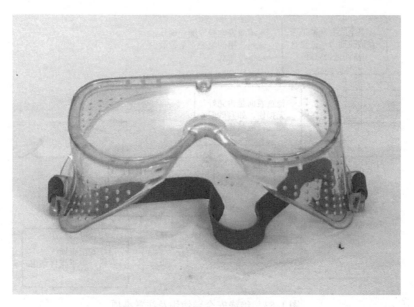

图 1-51 护目镜

（3）绝缘安全鞋　绝缘安全鞋的作用是使人体与地面绝缘。防止电流通过人体与大地之间构成回路，对人体造成电击伤害。因为触电时电流是经接触点通过人体流入地面的，所以电气作业时不仅要戴绝缘手套，还要穿绝缘安全鞋。绝缘安全鞋（图 1-52）应达到 GB 21146—2007 标准中的各项要求。电阻值范围应为 100kΩ ~ 1000MΩ，同时还应具有透气性能好、防静电、耐磨、防滑等功能。

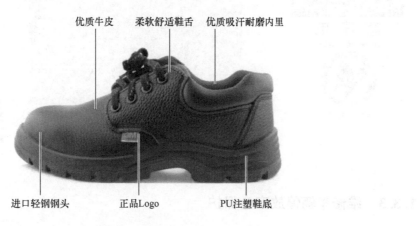

图 1-52 绝缘安全鞋

绝缘安全鞋也要定期进行检验，绝缘安全鞋的使用与注意事项如图 1-53 所示。

（4）非化纤工作服　维修高电压系统时，必须穿非化纤类的工作服。化纤类的工作服会产生静电，并且当发生火灾事故时，化纤会在高温环境下粘连人体皮肤，导致维护人员受到严重的二次伤害。

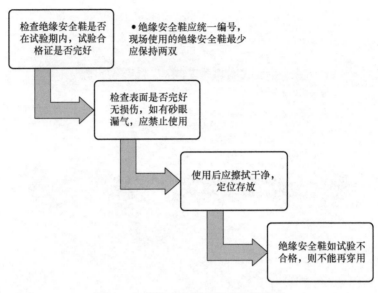

图 1-53　绝缘安全鞋使用及注意事项

2. 安全警告标识

当工位上有高电压车辆进行维修时，要求在工位周围必须布置有明显的警示标识，避免他人未经允许进入高电压工位而发生危险。安全警告标识应符合 GB 2894—2008 的有关要求。常见的安全警告标识见图 1-54。

图 1-54　常见安全警告标识

1.3.3　维修车辆停放安全保护

维修车辆停放区域的布置应满足以下要求：

1）拥有专用的维修工位。
2）工位必须清洁、干燥，通风良好。
3）维修作业前请设置安全警示标识，并做好隔离工作。
4）维修工位上必须配有防护用品。
5）应避免无关人员靠近。

1.3.4 安全疏散通道

安全疏散通道是引导人们向安全区域撤离的专用通道。

为保证安全地撤离危险区域，新能源汽车维修店应设置必要的安全疏散通道和设施，如太平门、疏散楼梯、天桥、逃生孔以及疏散保护区域等。应事先制定疏散计划，研究疏散方案和疏散路线，如撤离时途经的门、走道、楼梯等；确定建筑物内某点至安全出口的时间和距离，如汽车维修店的营业厅由厅内任何一点至最近疏散出口的直线距离不宜超过20m；计算疏散流量和全部人员撤出危险区域的疏散时间，保证走道和楼梯等的通行能力，如楼梯的总宽度应按每通过人数100人不小于1m计算，且规定有最小净宽，还必须设置指示人们疏散、离开危险区的视听信号。

一般设置要求：

1）疏散通道内不应设置阶梯、门槛、门垛、管道等突出物，以免影响疏散。

2）安全出口的设置要求

① 每个防火分区的安全出口不应少于两个，且应分散布置。

② 出口处不得设置门槛、台阶，或采用卷帘门、转门、吊门和侧拉门。

③ 营业、使用时间安全出口不应上锁、阻塞、堆物。

④ 公共场所的入场门、太平门宽度不应小于1.4m。

1.4 消防安全措施

1.4.1 通道

消防通道是指消防人员实施营救和被困人员疏散的通道，比如楼梯口、过道，那里都安有消防指示灯。消防通道在各种险情中起到不可低估的作用。

汽车维修店要严格落实法律责任，加强消防通道管理，自觉增强安全意识，维护消防通道的秩序，全力保障生命财产安全。《消防法》第十六条规定要保障疏散通道、安全出口、消防车通道畅通，保证防火防烟分区、防火间距符合消防技术标准；《消防法》第二十八条规定，任何单位、个人不得损坏、挪用或者擅自拆除、停用消防设施、器材，不得埋压、圈占、遮挡消火栓或者占用防火间距，不得占用、堵塞、封闭疏散通道、安全出口、消防车通道。人员密集场所的门窗不得设置影响逃生和灭火救援的障碍物。单位违反，可依据《消防法》第十六条规定责令改正，处五千元以上五万元以下罚款；个人违法，处警告或五百元以下罚款，经责令改正拒不改正的，强制执行，所需费用由违法行为人承担。

1.4.2 设施

安全消防设施有建筑物内的火灾自动报警系统、室内消火栓、室外消火栓等固定设施。消防设施的类型如下：

1. 自动设施

电系统设施是在发生火灾事故时能自动报警的设备。这些设备的工作原理是在各处安装探头，然后所有探头接入一台主机。当探头探测到有火灾的迹象，如：烟、温度较高等就会把信息传递给主机，主机通过发出报警响声和显示报警原因来提醒工作人员。

水系统设施则是在人流量和货物较多的场所通过水管引水，在较大水压的状态下，消防水的出水处用喷淋头堵上。喷淋头上的玻璃管在温度较高的情况下会自动爆破，然后均匀洒水，以达到灭火的目的。

2. 建筑设施

建筑消防设施指建（构）筑物内设置的火灾自动报警系统、自动喷水灭火系统、消火栓系统等用于防范和扑救建（构）筑物火灾的设备设施的总称。常用的有火灾自动报警系统、自动喷水灭火系统、消火栓系统、气体灭火系统、泡沫灭火系统、干粉灭火系统、防烟排烟系统、安全疏散系统等。

它是保证建筑物消防安全和人员疏散安全的重要设施，是现代建筑的重要组成部分。对保护建筑起到了重要的作用，有效地保护了公民的生命安全和国家的财产安全。

3. 喷洒系统

自动喷洒系统是我国当前最常用的自动灭火设施，在公众集聚场所的建筑中设置数量很大。自动喷洒灭火系统对在无人情况下初期火灾的扑救，非常有效，极大地提升了建筑物的安全性能。保证自动喷水灭火系统的完好有效，意义重大。

1.4.3 制度

汽车维修企业消防安全工作应始终贯彻"安全第一、预防为主"的方针，切实维护消防安全、保护消防设施、预防火灾、报告火警是单位每位员工应尽的义务。消防安全制度主要包括以下内容：

1）消防安全教育、培训。
2）防火巡查、检查。
3）安全疏散设施管理。
4）消防（控制室）值班。
5）消防设施、器材维护管理。
6）火灾隐患整改。
7）用火、用电安全管理。
8）易燃易爆危险物品和场所防火防爆。
9）专职和义务消防队的组织管理。
10）灭火和应急疏散预案演练。
11）燃气和电气设备的检查和管理（包括防雷、防静电）。
12）消防安全工作考评和奖惩。
13）其他必要的消防安全内容。

1.5 触电急救

发现有人触电后，应立即切断电源。切断电源的方法一是关闭电源开关、拉闸或拔去插销；二是用干燥的木棒等不导电的物体挑开电线，使触电者尽快脱离电源。急救者切勿直接接触伤员，防止自身触电。

1. 触电急救流程

触电急救的一般流程见图1-55。

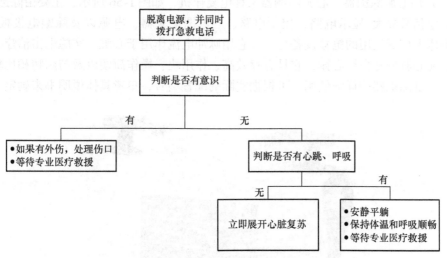

图1-55 触电急救的一般流程

2. 紧急救护

当触电者脱离电源后,应根据触电者的具体情况,迅速组织现场救护工作。

人触电后不一定会立即死亡,会出现神经麻痹、呼吸中断、心脏停搏等症状,外表上呈现昏迷的状态,此时要看作是假死状态。如现场抢救及时,方法得当,人是可以获救的。现场急救对抢救触电者是非常重要的。有统计资料指出,触电后1min开始救治者,90%有良好效果;触电后12min开始救治者,救活的可能性就很小。

(1)救护方法

1)触电者神志清醒,但有些心慌、四肢发麻、全身无力或触电者在触电过程中曾一度昏迷,但已清醒过来。此时应使触电者安静休息、不要走动、严密观察,必要时送医院诊治。

2)触电者已经失去知觉,但心脏还在跳动,还有呼吸。此时应让触电者在空气清新的地方舒适、安静地平躺。解开妨碍呼吸的衣扣、腰带。如果天气寒冷要注意保持体温,并迅速请医生到现场诊治。

3)触电者失去知觉,呼吸停止,但心脏还在跳动,此时应立即进行口对口人工呼吸,并及时请医生到现场。

4)触电者呼吸和心脏跳动完全停止,此时应立即进行口对口人工呼吸和胸外心脏按压急救,并迅速请医生到现场。

(2)抢救过程中注意事项

1)在进行人工呼吸和急救前,应迅速将触电者衣扣、领带、腰带等解开,清除口腔内假牙、异物、黏液等,保持呼吸道畅通。

2)不要让触电者直接躺在潮湿或冰冷地面上急救。

3)人工呼吸和急救应连续进行,换人时节奏要一致。如果触电者有微弱自主呼吸时,人工呼吸还要继续进行,但应和触电者的自主呼吸节奏一致,直到呼吸正常为止。

4) 对触电者的抢救要坚持进行。发现瞳孔放大、身体僵硬、出现尸斑应经医生诊断，确认死亡方可停止抢救。

（3）使用心脏除颤器　心脏除颤器又称电复律机，如图1-56所示，主要由除颤充/放电电路、心电信号放大/显示电路、控制电路、心电图记录器、电源以及除颤电极板等组成，是目前临床上广泛使用的抢救设备之一。它用脉冲电流作用于心脏，实施电击治疗，消除心律失常，使心脏恢复窦性心律，它具有疗效高、作用快、操作简便以及与药物相比较为安全等优点。心脏除颤器的详细使用，可根据实际的配置型号，参考具体说明书来确定。

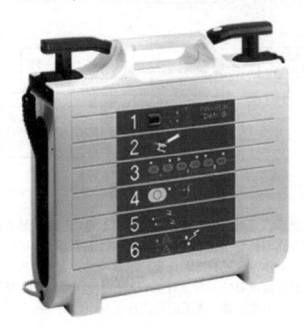

图1-56　心脏除颤器

1）心脏除颤器使用方法
① 将旋钮打开。
② 使用浆形电极：先涂上导电物质，在病人胸上贴附浆形电极（位置于心尖部左乳头外，其中心应在左腋中线；心底部胸骨右缘2~4肋间）。
③ 将能量选择旋钮转到150J。
④ 充电，按心尖位置上的浆形电极上的黄色按钮。
⑤ 电击，同时按心尖部及心底部橘红色浆形电极。
2）心脏除颤器的使用注意事项
① 每日检查机器及相配套的物品是否齐全，保持机器清洁。
② 每月一日充电12h。
③ 每次使用后要将电极板擦干净。
④ 每次使用后要充电12h。
⑤ 除颤电流可能会损伤操作人员或旁观的人。除颤时不要接触病人或接触连接到病人的设备，同时喊叫"让开！"

本 章 小 结

1. 高压电的一些基本概念和危害,以及人体的安全电压和电流。
2. 纯电动汽车高压配电控制装置的结构和工作原理。
3. 车载充电机的常见结构及电路原理。
4. 动力电池的常见构造及管理系统组成和控制策略。
5. 驱动电机的常见结构和工作原理。
6. 新能源汽车维修场地高压安全防护主要措施。
7. 触电急救流程和救护方法。

复习思考题

1. 电动汽车的电压是如何分类的?
2. 高压配电盒主要由哪几部分组成?
3. 动力电池管理的内容主要有哪些?
4. 新能源汽车维修场地高压安全防护措施由哪几个方面组成?
5. 简述触电急救的一般流程?

实 训 项 目

实训 1 高压断电

任务名称	高压断电	日期		成绩	
学生姓名		学号		班级	
任务载体	北汽新能源 EV160				
任务目标	1. 掌握高压断电注意事项 2. 熟知电动汽车高压系统部件结构及工作原理 3. 掌握高压断电流程				

一、故障现象陈述

一辆北汽新能源 EV160 电动汽车,高压系统出现故障需进行检修,维修人员要完成作业前准备及高压断电流程,以便进一步诊断检查。

二、信息收集
查阅北汽新能源 EV160 维修手册和用户使用说明书。

三、任务实施
1. 作业前准备

2. 编写高压断电流程

序号	内　容

3. 诊断仪器和设备

4. 小组成员分工

主修员		记录员	
监护员		展示员	

5. 场地设备检查
检查工作场地和设备设施是否清洁及存在安全隐患，如不正常请汇报并进行处理。
安全防护用品：_____
作业工具：_____
实训设备设施：_____
辅助资料：_____

6. 安全要求及诊断注意事项
　　（1）_____
　　（2）_____
　　（3）_____

7. 高压断电流程

序号	检测项目	备 注

8. 故障点确认、排除方法

9. 故障验证

四、检验和评估

1. 小组互评

其余学生小组根据展示小组代表阐述本组任务实施过程,进行评价,并记录评价结果。

序号	评价标准	评价结果
1	任务目的制定合理恰当	
2	任务过程表述清晰明确	
3	任务结果符合实际情况	
4	任务计划切实有效执行	
5	任务体会感受情感真实	
综合评价		

2. 组内互评

组长:＿＿＿＿＿＿　　组号:＿＿＿＿＿＿

姓名								
分工								
评价								

3. 自我反思和自我评价（根据自己在课堂中的实际表现）

自我反思	
自我评价	

4. 教师评价

实训 2　高压控制盒更换

任务名称	高压控制盒更换		日期		成绩	
学生姓名			学号		班级	
任务载体	北汽新能源 EV160					
任务目标	1. 掌握高压控制盒结构及工作原理 2. 掌握高压控制盒常见故障 3. 掌握高压控制盒更换流程					

一、故障现象陈述

一辆北汽新能源 EV160 电动汽车，因暖风不热来店维修，经诊断为 PTC 控制板损坏导致，因此需更换高压控制盒。

二、信息收集

查阅北汽新能源 EV160 维修手册和用户使用说明书。

三、任务实施

1. 作业前准备

2. 编写更换高压控制盒流程

序号	内容

3. 诊断仪器和设备

4. 小组成员分工

主修员		记录员	
监护员		展示员	

5. 场地设备检查
检查工作场地和设备设施是否清洁及存在安全隐患，如不正常请汇报并进行处理。
安全防护用品：_____
作业工具：_____
实训设备设施：_____
辅助资料：_____

6. 安全要求及诊断注意事项
（1）_____
（2）_____
（3）_____

7. 高压控制盒更换流程

序号	检测项目	备注

8. 故障点确认、排除方法

9. 故障验证

四、检验和评估

1. 小组互评

其余学生小组根据展示小组代表阐述本组任务实施过程,进行评价,并记录评价结果。

序号	评价标准	评价结果
1	任务目的制定合理恰当	
2	任务过程表述清晰明确	
3	任务结果符合实际情况	
4	任务计划切实有效执行	
5	任务体会感受情感真实	
综合评价		

2. 组内互评

组长:_____   组号:_____

姓名										
分工										
评价										

3. 自我反思和自我评价(根据自己在课堂中的实际表现)

自我反思	
自我评价	

4. 教师评价

第 2 章

高压绝缘故障诊断

> **学习目标**
>
> - 掌握常用万用表、绝缘测试仪和绝缘工具的正确使用方法。
> - 掌握新能源汽车故障诊断仪 BDS 的使用方法。
> - 掌握纯电动汽车高压电路绝缘检测作用、原理及检测方法。
> - 掌握纯电动汽车高压互锁的作用、控制策略及检测方法。

2.1 绝缘检测设备的使用

2.1.1 万用表的使用

数字万用表应符合 CAT Ⅲ 安全级别的要求,图 2-1 所示是 Fluke 87 数字万用表。

图 2-1 Fluke 87 数字万用表

万用表通常具备以下检测功能:

检测交流/直流(AC/DC)电压和电流、检测电阻、检测频率(Hz)、检测温度(TEMP)、检测二极管、检测导通性、检测电容、检测绝缘测试(低压)。

有些汽车的专用万用表，还具有转速（RPM）、百分比（占空比,%）、脉冲宽度（ms）以及其他功能（如利用蜂鸣器等进行故障码读取）。

> **知识拓展：CAT 等级**
> 根据国际电子电工委员会 IEC1010-1 的定义，把电工工作的区域分为四个等级，分别称作 CAT Ⅰ，CAT Ⅱ，CAT Ⅲ 和 CAT Ⅳ。CAT 等级是向下单向兼容的，也就是说，一块 CAT Ⅳ 的万用表在 CAT Ⅰ、CAT Ⅱ 和 CAT Ⅲ 下使用是完全安全的，但是一块 CAT Ⅰ 的万用表在 CAT Ⅱ、CAT Ⅲ、CAT Ⅳ 的环境下使用就不保证安全了。

2.1.2 绝缘测试

1. 绝缘电阻表

绝缘电阻表，又称摇表或者兆欧表，是用来测量绝缘电阻的专用仪器。它由一个手摇发电机和一个磁电式比率表两大部分构成，手摇发电机提供一个便于携带的高电压测量电源，电压范围在 500～5000V，磁电式比率表是测量两个电流比值的仪表，由电磁力产生反作用力矩来测量电气设备的绝缘电阻值。根据其测量结果，可以简单地鉴别电气设备绝缘的好坏。常用绝缘电阻表的额定电压为 500V、1000V、2500V 等几种，标度尺单位是"兆欧"（MΩ）。

（1）电阻表接线端子　绝缘电阻表有三个接线端子，一个标有"线路"或"L"的端子（也称相线）接于被测设备的导体上；另一个标有"地"或"E"的端子接于被测设备的外壳或接地；第三个标有"屏蔽"或"G"端子接于测量时需要屏蔽的电极。

（2）绝缘电阻表选择　要正确选择额定电压合适的绝缘电阻表。绝缘电阻表的额定电压根据被测设备的额定电压来选择。若绝缘电阻表的额定电压即其内部电源的直流电压过高，可能在测试时损坏被测设备的绝缘；若绝缘电阻表的额定电压过低，所测结果又不能反映工作电压作用下电气设备的绝缘电阻。一般规程规定测量额定电压在 500V 以下的设备时，宜选用 500～1000V 的绝缘电阻表；额定电压在 500V 以上时，应选用 1000～2500V 的绝缘电阻表。

（3）绝缘电阻表使用方法　使用绝缘电阻表前，戴好绝缘手套。

1）使用前要检查指针的"0"与"∞"位置是否正确。检查方法是，先使"L"、"E"两端子开路，将绝缘电阻表放在适当的水平位置，摇动手柄至发电机额定转速（一般为 120r/min）后，指针应指在"∞"位置上。如果不能达到"∞"，说明测试用引线绝缘不良或绝缘电阻表本身受潮。应用干燥清洁的软布，擦拭"L"与"E"端子间的绝缘，必要时将绝缘电阻表放在绝缘垫上，若还达不到"∞"值，则应更换测试引线。然后再将"L"、"E"两端子短路，轻摇发电机，指针应指在"0"位置上。如指针不指 0，说明测试引线未接好或绝缘电阻有问题。

2）绝缘电阻表的测试引线应选用绝缘良好的多股软线，"L"、"E"两端子引线应独立分开，避免缠绕在一起，以提高测试结果的准确性。

3）在摇测绝缘时，应使绝缘电阻表保持额定转速，一般为 120～150r/min。测试开始时先将"E"端子引线与被测设备外壳与地相连接，待转动摇柄至额定转速后再将"L"端子引线与被测设备的测试极相碰接,等指针稳定后(一般为1min),读取并记录电阻值。在整个测试过程中摇柄转速应保持恒定匀速,避免忽快忽慢。测试结束时,应先将"L"端子引线与被测设备的测试极断开,再停止摇柄转动。这样做,主要是防止被测设备的电容对绝缘电阻表的反充电而损坏表针。

(4) 绝缘电阻表测量绝缘电阻的接线和方法　绝缘电阻表测量绝缘电阻的接线和方法如图2-2所示。

1) 测量照明或电力线路对地的绝缘电阻,E接线端可靠接地,L接线端与被测线路相连,如图2-2a所示。

2) 测量电机的绝缘电阻,将绝缘电阻表的接地端E接机壳,L接线端接电机的绕组,然后进行摇测,如图2-2b所示。

3) 测量电缆的绝缘电阻,测量电缆的线芯和外壳的绝缘电阻时,除将外壳接E、线芯接L外,中间的绝缘层还需和G相接,如图2-2c所示。

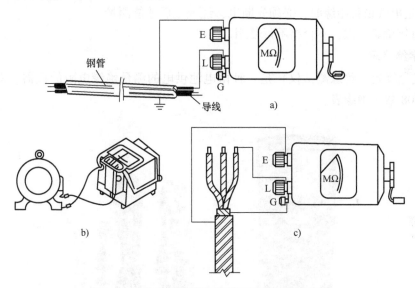

图2-2　绝缘电阻表测量绝缘电阻的接线和方法

测量时,转动手柄要平稳,应保持120r/min的转速。电气设备的绝缘电阻随着测量时间的长短而不同,通常采用1min后的指针指示为准,测量中如果发现指针为零,应停止转动手柄,以防表内线圈过热而烧坏。

在绝缘电阻表停止转动和被测设备放电以后,才可用手拆除测量连线。

4) 绝缘电阻表记录读数时,应同时记录当时的环境温度和湿度,便于比较不同时期的测量结果,分析测量误差的原因。

5) 绝缘电阻表接线柱的引线,应采用绝缘良好的多股软线,同时各软线不能绞在一起。

(5) 绝缘电阻表使用注意事项

1) 绝缘电阻表的发电机电压等级应与被测物的耐压水平相适应,以避免被测物的绝缘击穿。

2) 禁止摇测带电设备,双回路架空线路或母线,当一路带电时,不得测量另一路的绝缘电阻，以防高压的感应电危害人身和仪表的安全。

3）严禁在有人工作的线路上进行测量工作，以免危害人身安全。雷电时禁止用绝缘电阻表在停电的高压线路上测量绝缘电阻。

4）在绝缘电阻表没有停止转动或被测设备没有放电之前，切勿用手去触及被测设备或绝缘电阻表的接线柱。

5）使用绝缘电阻表摇测设备绝缘时，应由两人担任。

6）摇测用的导线应使用绝缘线，两根引线不能绞在一起，其端部应有绝缘套。

7）在带电设备附近测量绝缘电阻时，测量人员和绝缘电阻表的位置必须选择适当，保持与带电体的安全距离，以免绝缘电阻表引线或引线支持物触碰带电部分。移动引线时，必须注意监护，防止工作人员触电。

8）摇测电容器、电力电缆、大容量变压器、电机等容性设备时，绝缘电阻表必须在额定转速状态下，方可将测量笔接触或离开被测设备，以免因电容放电而损坏仪表。

9）测量电气设备绝缘时，必须先断电，经放电后才能测量。

10）每年检验一次，不合格不得使用。

2. 数字绝缘表

数字式绝缘表（绝缘测试仪）是一种由电池供电的测量绝缘电阻的仪器。图 2-3 所示为 Fluke 1508 数字绝缘表。

图 2-3　Fluke 1508 数字绝缘表

该数字绝缘表不仅可测量绝缘电阻，还可以测量接地耦合电阻以及交流/直流电压。数字绝缘表输入端子说明见图 2-4。COM 端子连接所测量地线或公共端子的表棒，Ω 端子连接测量电阻的表棒，V 绝缘端子是连接电压测试端子，在测量档位选择合适的电压，用于测量部件之间的绝缘阻值。

绝缘测试只能在不通电的电路上进行。要测量绝缘电阻，需按照图 2-5 所示连接测试仪，并按下列步骤进行操作。

1）检查仪表、表棒外观有无损伤，量程是否正确。

2）将表棒插入 V 和 COM（公共）输入端子，将选择开关转至所需要的测试电压，电压选 1000V。

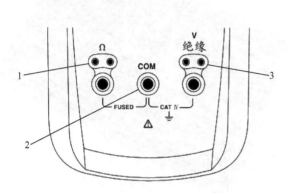

图 2-4　数字绝缘表输入端子说明
1—用于电阻测量的输入端子　2—所有测量的公共端子
3—用于电压或绝缘测试的输入端子

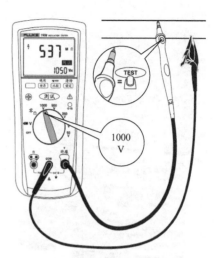

图 2-5　检测绝缘阻值

3）戴上绝缘手套，绝缘表棒与待测电路（被测件）连接。测试仪会自动监测电路是否通电。

测试仪主显示位置显示 – – – – 直到按下 (测试) 按钮，此时将获得一个有效的绝缘电阻读数。

如果电路中的电压超过30V（交流或直流），在主显示位置显示电压超过30V警告的同时，还会显示高压符号（⚡）。在这种情况下，测试被禁止。在继续操作之前，先断开测试仪的连接并关闭电源。

4）按住 (测试) 按钮开始测试。辅显示位置上显示被测电路上所施加的测试电压。主显示位置上显示高压符号（⚡）并以 MΩ 或 GΩ 为单位显示电阻。显示屏的下端出现"测试"图标，直到释放 (测试) 按钮。

当电阻超过最大显示量程时，测试仪显示 > 符号，以及当前量程的最大电阻。电动汽车电池、电缆或电机等部件绝缘阻值读数大于550（Ω/V），说明线路绝缘良好。

5）继续将探头留在测试点上，然后释放 (测试) 按钮。被测电路即开始通过测试仪放电。主显示位置显示电阻读数，直到开始新的测试或者选择了不同功能或量程。

6）整理表棒，关闭绝缘表。

2.1.3　绝缘工具的使用

绝缘工具是采用绝缘材料进行加工并适用于电气系统拆装等操作的工具。新能源汽车涉及高压的部分零部件拆装必须使用绝缘拆装工具。绝缘拆装工具必须装有耐压1000V以上的绝缘柄。绝缘拆装工具如图2-6所示。

绝缘工具的使用方法与普通工具相同，但是有以下注意事项：

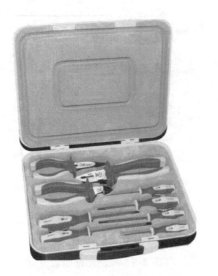 

图 2-6 绝缘拆装工具

1) 应有专门的工具室存放,室内应通风良好、清洁、干燥。
2) 如发现绝缘工具损伤或受潮,应及时进行检修和干燥处理,试验合格后方可使用。
3) 绝缘工具必须按规定定期进行绝缘性能的试验,不符合试验要求的,禁止使用。

2.1.4 故障诊断仪的使用

汽车电控系统诊断仪器也称解码器、故障扫描仪等,用于对应车型的故障诊断,不同车型采用的诊断仪器也不同。诊断仪应能与被检测车辆的控制模块(电脑)通信。

北汽新能源汽车采用 BDS 故障诊断系统(BAIC BJEV Diagnostic System),将诊断软件安装在电脑终端上,通过通信电缆(诊断盒子)与车载 OBD 诊断座连接,与车辆的控制模块通信进行故障诊断,如图 2-7 所示。以下介绍 BDS 安装及相关知识。

图 2-7 北汽新能源 BDS

1. 软件运行环境

① 硬件要求:笔记本式计算机,台式机,PAD,系统盘空间不小于 5GB,内存不小于 1GB。

② 操作系统:Windows XP SP3,Windows 7 和 Windows 8,暂不支持 Windows RT。

③ 网络要求:本软件需要在线激活和网络下载,务必保证连接 Internet 正常。

④ 安装条件:Windows 登入账户必须是管理员身份。

2. 软件下载与安装

在北汽新能源指定的网址进行软件下载与软件安装后,将安装文件"BDS setup.exe"复制到所要安装的电脑中,双击即可根据"安装向导"(图2-8)的提示进行并完成软件安装。

图2-8 BDS"安装向导"

安装结束后,按【完成】键,提示BDS软件安装完成(图2-9)。

图2-9 BDS安装完成图

按【结束】键,进入 BDS 启动界面(图 2-10)。

图 2-10　BDS 启动界面

软件安装结束后,进入 BDS 主界面(图 2-11)。

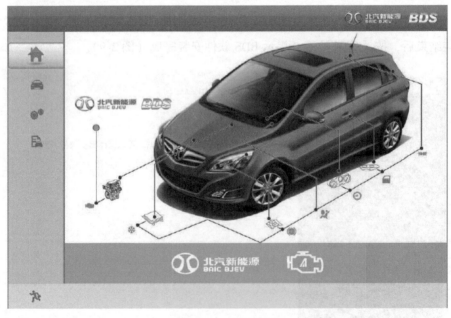

图 2-11　BDS 主界面

3. 软件操作

(1) 软件管理　软件功能使用说明见图 2-12。

(2) 产品激活与注册　第一次使用 BDS 无线诊断系统时,必须填写完整的用户信息,

功能图标	功能名称	功能描述
	主界面	BDS汽车无线诊断系统主界面，介绍和描述产品性能和品牌。
	汽车智能诊断系统	汽车无线诊断系统的核心功能，它提拱了简易而专业的汽车综合诊断功能，包括读ECU信息，故障码分析，数据流分析，数据流冻结帧，元件执行、电脑编程、匹配、设定和防盗等功能。
	系统设定	汽车无线诊断系统的系统设定功能，它提供多种功能操作模式，联接方式，公英制单位切换和语言选择功能等功能，从而丰富用户体验。
	软件管理	产品软件管理，用于甄别汽车诊断软件的版本信息，以便客户升级软件；用于客户管理汽车诊断车型软件；用于注册用户信息，以加强用户的安全性，以及客户打印测试报告时显示用户信息。
	系统退出	安全退出BDS系统。

图 2-12　软件使用说明

以便记录用户的基本信息，加强用户与厂家联系，以及时共享厂家资源。

（3）系统升级　进行软件升级时，需采用 USB 模式。需先确定 USB 连接和网络是否正常工作，具体升级过程按照电脑提示即可完成。BDS 系统的车型诊断程序提供两种升级模式，【手动选择】和【一键式升级】。

（4）车型诊断操作　首先将诊断盒子连接到汽车的 OBD 诊断座，连接完后，电源指示会灯亮。固定的 SSID 为 UCANDAS，如果 WiFi 自动连接没有成功，手动设置 WiFi 连接到 UCANDAS，WiFi 连接成功后，无线图标会点亮，见图 2-13。

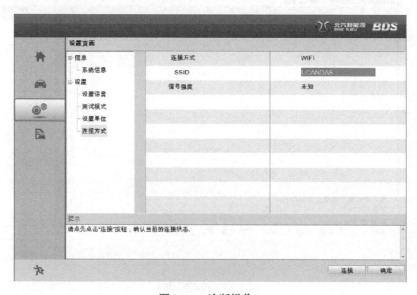

图 2-13　诊断操作 1

启动 BDS 系统软件，点击汽车诊断图标，见图 2-14。

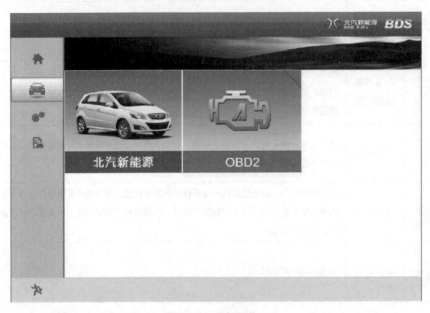

图 2-14　诊断操作 2

选择需要的车型图标，单击软件版本，进入对应车型诊断程序，见图 2-15。根据相应的提示即可完成诊断工作。

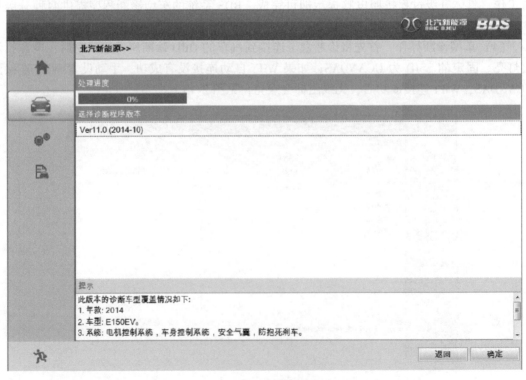

图 2-15　诊断操作 3

2.2 高压电路绝缘性能的测量

纯电动汽车是以纯电池动力来驱动车辆运行的，其动力电池的输出电压大部分都在 DC 72~600V 甚至更高。根据 GB/T 3805—2008《特低电压（ELV）限值》的要求，人体的安全电压一般是指不致使人直接致死或致残的电压，一般环境条件下允许持续接触的"安全特低电压"是 DC 36V。电动汽车动力电池输出的直流电压区间已远远超过了该安全电压。为解决电动汽车所面临的高压电绝缘安全问题，确保电动汽车的高压电用电安全，我国相关行业标准已对电动汽车的高压电回路设计和检测提出了明确的要求，并给出较为详细的实验检测规程。其中包括对绝缘电阻值的最低要求。

2.2.1 高压电路绝缘的措施

根据 GB/T 18384.3—2015 规定，动力系统的测量阶段最小瞬间绝缘电阻交流为 $0.5k\Omega/V$、直流为 $0.1k\Omega/V$。各整车厂开发的纯电动车辆，则根据各自设定的电压等级来确定动力系统的绝缘电阻报警阈值。

1. 等电位设置

触电防护是电动汽车电气安全设计的重要内容，一般来讲，可以通过两类途径来实现：一是直接接触防护，如绝缘设计、屏护防护（遮拦/外壳，IPXXB/IPXXD 等）；二是间接防护，包括等电位连接、电气隔离（电气间隙、爬电距离）。

在国标 GB/T 18384.3—2015《电动汽车 安全要求 第 3 部分：人员触电防护》中，将等电位连接（电位均衡）定义为：电气设备外露可导电部分之间电位差最小化。

等电位联结的作用如下：

（1）防止人身遭受电击　将电气设备在正常运行时不带电的金属导体部分与接地极之间作良好的金属连接，以保护人体的安全，防止人身遭受电击。

（2）保障电气系统正常运行　电力系统接地一般为中性点接地，中性点的接地电阻很小，因此中性点与地间的电位差接近于零。

在电动汽车产品中，如果整个电池组的最大电压超过 60V（DC），就已经超过了人体安全电压的范围，必须进行等电位联结（设置），以确保使用安全。

在电动汽车动力系统中，可以使用将电气设备的外露可导电部件直接或通过保护导体与车辆底盘相连接的方法来进行等电位联结。

采用等电位联结的方法见图 2-16。该方法将直流电气设备外壳与车辆底盘直接相连。采用等电位联结后，该设备外壳和车身地为相同电位，当该设备正极发生对外壳漏电故障时，即使操作人员接触到该带电的设备外壳，由于人体被等电位联结线短路，不会有危险的电流流过，从而避免了电击事故的发生。

2. 控制爬电距离

GB/T 18384.1—2015《电动汽车 安全要求 第 1 部分：车载可充电储能系统（REESS）》规定的爬电距离是指连接端子的带电部分（包括任何可导电的连接件）和电底盘之间，或两个电位不同的带电部分之间的沿绝缘材料表面的最短距离。爬电距离见图 2-17。

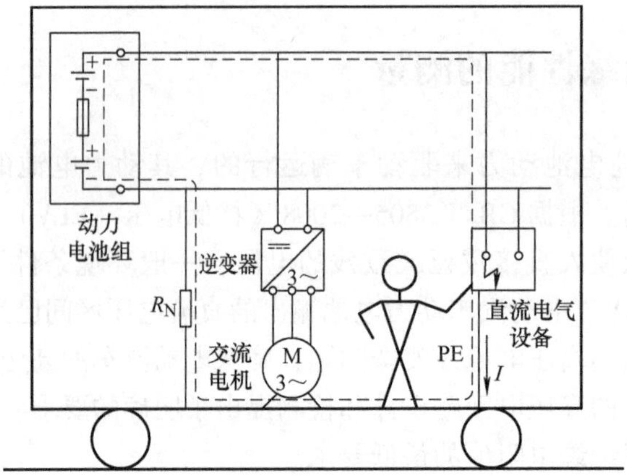

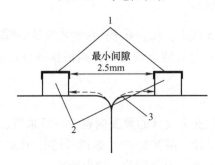

图 2-16 等电位联结

图 2-17 爬电距离

1—可导电的表面 2—连接端子（蓄电池模块、蓄电池包或动力蓄电池） 3—爬电距离

如果可能发生电解液的泄漏，按下列方法确定最小爬电距离：

1）两个蓄电池连接端子之间的爬电距离：$d \geq 0.25U + 5$

式中，d——辅助电间的爬电距离，mm；U——蓄电池连接端子间的标称电压，V。

2）带电部件与电底盘之间的爬电距离：$d \geq 0.125U + 5$

式中，d——带电部件与电底盘之间的爬电距离，mm；U——蓄电池连接端子间的标称电压，V。

2.2.2 高压电路绝缘阻值的检测

电动汽车绝缘的问题主要可以分为动力电池内部、外部的高压回路两种。

1. 动力电池内部

动力电池内部主要是电解液泄漏、外部液体进入、绝缘层被破坏之后，电池模组和单体电池出现了导电的回路等。这类故障发生之后可能会发生较为严重的后果（主要是打火和烧蚀，引起模块内单体电池的短路故障）。在大的动力电池模组内，可以通过模组内部、BMU、BMS 和模组与托盘等多种绝缘措施控制。真正绝缘问题出现电击人的情况，都需要出现人本身去接触电池的一端输出才会出现图 2-18 所示的电击事件发生。

2. 电池外部

电池外部的高压回路绝缘失效主要发生在高压插接器、高压线缆和高压用电部件内部，一般可以通过接触器断开而隔绝。

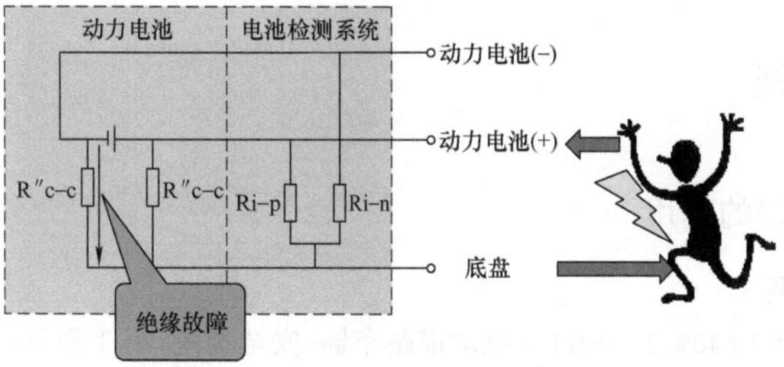

图 2-18 动力电池绝缘故障对人体电击

(1) 高压插接器和高压线缆　引起绝缘失效的情况主要有两种，一种是局部放电引起的绝缘失效；另一种是插接器金属物质迁移导致的绝缘失效。通电、高温、潮湿、氯离子存在的条件下，电插接器内部金属构件发生了表面镀银层的电迁移和主体材料的腐蚀，产物在电场的作用下附着在绝缘组件上并将外金属套壳和与内金属触条一体的金属构件连接，从而导致电插接器绝缘阻值大幅降低失效。

(2) 高压用电部件内部出现绝缘失效　引起绝缘失效主要考虑功率部件相关的绝缘防护是否合理。特别的如电机、变压器内绝缘情况。在贯穿电动汽车整个寿命周期和使用情况下，如充电状态、正常状态、涉水、碰撞事故、结露、暴雨、淹没、清洗等状态，均可以从爬电距离、固态绝缘和空气间隙等方面对绝缘进行破坏，从而出现绝缘问题。除上述真正发生绝缘失效的问题外，还有一些绝缘问题就是绝缘检测电路和算法本身受到干扰或者出现了硬件的损坏，如绝缘检测超差（受到外部干扰检测出来过高，设计范围超差）和绝缘检测失效（电路由于开关即光耦或者高压继电器失效出现失效）。

出现绝缘问题，系统有以下几种处理措施：

1) 从动力源头切断任何充电和放电的过程，主要响应比较高等级的绝缘故障。

2) 考虑电池的故障在一定范围内，限制电机输出功率，在充电模式下充电停止（阻止了能量回收）。

3) 限制电池包的输入和输出功率。

4) 仅亮起警告灯，其他不做处理。

当发生了绝缘故障之后，对于维修人员，首先应保证人身安全，操作者须佩戴好有一定安全等级，符合国家相关标准要求的防护用品（防护用品通常有使用年限要求），如绝缘手套（橡胶手套+外用手套）、绝缘安全鞋等。各高压部件绝缘阻值检验标准值见表2-1。

表 2-1　各高压部件绝缘阻值检验标准值

测 量 对 象	标 准 参 数
动力电池端正、负极输出端子	>500MΩ
动力电池线束端正、负极输出端子	>500MΩ
车载充电机正、负极	>20MΩ
空调压缩机正、负极	>20MΩ
PTC 正、负极	>500MΩ
电机控制器正、负极	>20MΩ

2.3 高压互锁

2.3.1 高压互锁的作用

1. 安全的需要

在国际标准 ISO 6469.3—2011《电动道路车辆 安全规范 第 3 部分：人身防电击保护》中，规定车上的高压部件应具有高压互锁装置，但并没有详细地定义高压互锁系统。高压互锁，也指危险电压互锁回路（HVIL，Hazardous Voltage Interlock Loop）：通过使用电气信号，来检查整个高压产品、导线、插接器及护盖的电气完整性（连续性），识别到回路异常断开时，及时断开高压电。

在电动汽车上设置高压互锁的设计目的有：

1）确保整车在高压上电前整个高压系统的完整性，使高压处于一个封闭的环境下工作，提高安全性。

2）当整车在运行过程中，高压系统回路断开或者完整性受到破坏的时候，需要启动安全防护。

3）防止带电插拔高压插接器给高压端子造成的拉弧损坏。

2. 控制原理

高压互锁回路如图 2-19 所示。当整车发生碰撞时，碰撞传感器发出碰撞信号，触发 HVIL 断电信号，整车高压源会在毫秒级时间内自动断开，以保障用户的安全。

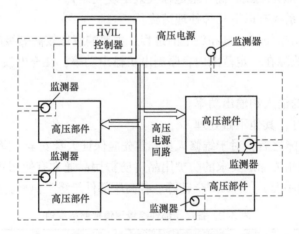

图 2-19 高压互锁回路示意图

2.3.2 高压互锁的检测

1. 高压互锁电路分析

（1）高压互锁电路分析 高压互锁信号回路包括两部分，如图 2-19 中粗线和虚线所示。

1）粗线部分用于监测高压供电回路的完整性，可以分为两种形式：一种是与高压电源线并联，并在所有高压插接器端与插接器监测器连接，将所有的连接串接起来组成一个完整的回路（图 2-20），可以利用高压线上的屏蔽线组成信号回路的一部分，以使整个系统变得更简单和可靠；另外一种形式为各个高压部件控制器负责监测各自的 HVIL 信号，只有当全部的控制器收到 HVIL 接通信号时，才允许接通高压源，如图 2-21 所示。

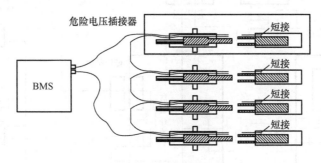

图 2-20　高压供电检测回路 1

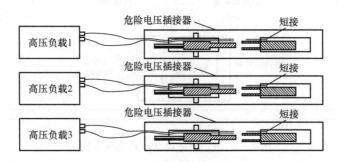

图 2-21　高压供电检测回路 2

2）虚线部分用来监测所有高压部件保护盖是否非法开启，利用信号线将所有高压元器件上的监测器全部串联起来，组成另外一条监测信号回路。

（2）高压互锁控制策略　高压互锁系统在识别到危险时，整个控制器应根据危险时的行车状态及故障危险程度运用合理的安全策略，这些策略包括以下几点。

1）故障报警。无论电动汽车在何种状态，高压互锁系统在识别到危险时，车辆应该对危险情况做出报警提示，需要仪表或指示器以声或光报警的形式提醒驾驶人，让驾驶人注意车辆的异常情况，以便及时处理，避免发生安全事故。

2）切断高压源。当电动汽车在停止状态时，高压互锁系统在识别严重危险情况时，除了进行故障报警，还应通知系统控制器断开自动断路器，使高压源被彻底切断，避免可能发生的高压危险，确保财产和人身安全。

3）降功率运行。电动汽车在高速行车过程中，高压互锁系统在识别到危险情况时，不能马上切断高压源，应首先通过报警提示驾驶人，然后让控制系统降低电机的运行功率，使车辆速度降下来，以使整车高压系统在负荷较小的情况下运行，尽量降低发生高压危险的可能性，同时也允许驾驶人能够将车辆停到安全地方。

2. 高压互锁的检测

北汽新能源 EV200 在整车高压部件处均设有高压互锁,如图 2-22 所示。

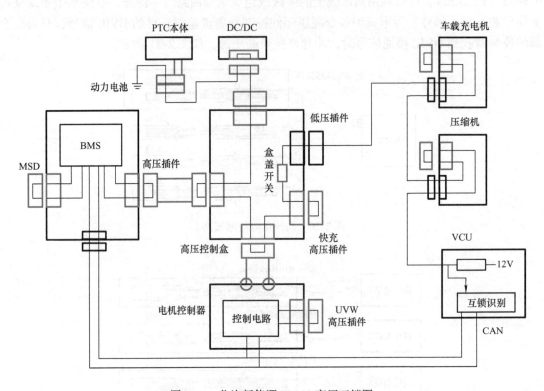

图 2-22　北汽新能源 EV200 高压互锁图

互锁电路的作用是检测高压线束连接情况,当某个高压插件未插到位,电路电池切断高压电源。检修时,可使用万用表逐段检测线束、插件导通情况。视情更换或维修线束、插件或元器件。

本 章 小 结

1. 万用表、绝缘测试仪和绝缘工具的使用方法。
2. 新能源汽车故障诊断仪 BDS 的使用方法。
3. 纯电动汽车高压绝缘、互锁的作用、原理、控制策略及检测方法。

复习思考题

1. 为什么纯电动汽车要设置等电位联结?
2. 为什么纯电动汽车要设置高压互锁?
3. 简述高压互锁的控制策略?

实 训 项 目

实训3 高压互锁故障诊断与排除

任务名称	高压互锁故障诊断与排除	日期		成绩	
学生姓名		学号		班级	
任务载体	北汽新能源 EV160				
任务目标	1. 掌握高压互锁结构及工作原理 2. 掌握高压互锁故障现象 3. 掌握高压互锁故障诊断与排除				

一、故障现象陈述

一辆北汽新能源 EV160 电动汽车，车辆无法行驶，仪表显示高压互锁故障。

二、信息收集

查阅北汽新能源 EV160 维修手册、用户使用说明书、高压互锁电路图及接线图。

三、任务实施

1. 故障原因分析

2. 编写故障诊断流程

序号	内容

3. 诊断仪器和设备

4. 小组成员分工

主修员		记录员	
监护员		展示员	

5. 场地设备检查

检查工作场地和设备设施是否清洁及存在安全隐患,如不正常请汇报并进行处理。

安全防护用品:_____

作业工具:_____

实训设备设施:_____

辅助资料:_____

6. 安全要求及诊断注意事项

(1) _____

(2) _____

(3) _____

7. 诊断和检测流程

序号	检测项目	备 注

8. 故障点确认、排除方法

9. 故障验证

四、检验和评估

1. 小组互评

其余学生小组根据展示小组代表阐述本组任务实施过程，进行评价，并记录评价结果。

序号	评价标准	评价结果
1	任务目的制定合理恰当	
2	任务过程表述清晰明确	
3	任务结果符合实际情况	
4	任务计划切实有效执行	
5	任务体会感受情感真实	
综合评价		

2. 组内互评

组长：_____ 组号：_____

姓名										
分工										
评价										

3. 自我反思和自我评价（根据自己在课堂中的实际表现）

自我反思	
自我评价	

4. 教师评价

_____

实训 4　绝缘故障诊断与排除

任务名称	绝缘故障诊断与排除	日期		成绩	
学生姓名		学号		班级	
任务载体	北汽新能源 EV160				
任务目标	1. 掌握高压绝缘结构及工作原理 2. 掌握高压绝缘故障现象 3. 掌握高压绝缘故障诊断与排除				

一、故障现象陈述

一辆北汽新能源 EV160 电动汽车,车辆无法行驶,仪表显示绝缘故障。

二、信息收集

查阅北汽新能源 EV160 维修手册、用户使用说明书、高压绝缘电路图及接线图。

三、任务实施

1. 故障原因分析

2. 编写故障诊断流程

序号	内　容

3. 诊断仪器和设备

4. 小组成员分工

主修员		记录员	
监护员		展示员	

5. 场地设备检查

检查工作场地和设备设施是否清洁及存在安全隐患,如不正常请汇报并进行处理。

安全防护用品:＿＿＿＿＿＿＿＿＿＿＿＿＿＿＿＿＿＿＿＿＿＿＿＿＿＿＿＿＿＿＿

作业工具:＿＿＿＿＿＿＿＿＿＿＿＿＿＿＿＿＿＿＿＿＿＿＿＿＿＿＿＿＿＿＿＿＿

实训设备设施:＿＿＿＿＿＿＿＿＿＿＿＿＿＿＿＿＿＿＿＿＿＿＿＿＿＿＿＿＿＿

辅助资料:＿＿＿＿＿＿＿＿＿＿＿＿＿＿＿＿＿＿＿＿＿＿＿＿＿＿＿＿＿＿＿＿

6. 安全要求及诊断注意事项

(1) ＿＿＿＿＿＿＿＿＿＿＿＿＿＿＿＿＿＿＿＿＿＿＿＿＿＿＿＿＿＿＿＿＿＿

(2) ＿＿＿＿＿＿＿＿＿＿＿＿＿＿＿＿＿＿＿＿＿＿＿＿＿＿＿＿＿＿＿＿＿＿

(3) ＿＿＿＿＿＿＿＿＿＿＿＿＿＿＿＿＿＿＿＿＿＿＿＿＿＿＿＿＿＿＿＿＿＿

7. 诊断、检测流程

序号	检测项目	备注

8. 故障点确认、排除方法

9. 故障验证

四、检验和评估

1. 小组互评

其余学生小组根据展示小组代表阐述本组任务实施过程，进行评价，并记录评价结果。

序号	评价标准	评价结果
1	任务目的制定合理恰当	
2	任务过程表述清晰明确	
3	任务结果符合实际情况	
4	任务计划切实有效执行	
5	任务体会感受情感真实	
综合评价		

2. 组内互评

组长：＿＿＿＿＿＿＿＿　　　组号：＿＿＿＿＿＿＿＿

姓名								
分工								
评价								

3. 自我反思和自我评价（根据自己在课堂中的实际表现）

自我反思	
自我评价	

4. 教师评价

第 3 章

高压充电系统故障诊断

学习目标

- 掌握高压充电系统主要部件的结构及工作原理。
- 了解家庭慢充电源要求。
- 掌握车载充电机结构、功能及工作原理。
- 掌握慢充系统充电方法及流程。
- 熟知快充系统充电流程。
- 掌握充电系统常见故障现象、原因及排除方法。

3.1 高压充电系统的主要部件

通常,电动汽车充电可分为快充电(简称快充)和慢充电(简称慢充)。慢充是电动汽车补充电能最常见的方法,慢充桩将外部的民用交流电通过车载充电机转化成高压直流电并充入动力电池,因为充电电流较小,充电时间比快充长,往往被称为慢充。

由于电动汽车慢充充电时间较长,影响日常使用,为了满足人们对电动汽车快速充电的期望,近年来快充日益成为电动汽车的常见配置。快充要满足半小时充到 80% 的电量,一小时完成基本充满的指标,所以快充过程中需要采用高电压、大电流、直接对动力电池快速充电,为此,快充比慢充设计应更为可靠,才能确保充电过程的高效和安全。

为了方便个人用户对电动汽车充电需求,乘用车都配置慢充接口,方便用户使用家中的民用电为电动汽车慢充,部分乘用车则既有慢充接口,又有快充接口,提供多种选择。

3.1.1 快充桩

1. 快充桩简介

快速充电桩与慢速充电桩的不同在于快速充电桩代替了车载充电机的作用。由于快充充电功率大,对应的元器件体积加大且价格也会增高,配备在车上会造成成本大幅上升并且整车布置困难。由于快充充电时间短,设备周转率较高,因此,目前快充充电桩集成了充电机的作用,直接将高压直流电源通过快充接口连接到车辆。

直流快充桩(图 3-1)基本为公共充电桩,一般由国家电网、南方电网这类电力企业建设并维护经营。直流桩接入的是 380V 三相电压,常见的功率一般为 15kW、30kW、45kW、60kW、90kW、120kW、180kW、240kW、360kW 等,目前主流产品为直流充电桩壁挂式 15kW,直流便携式充电桩 15kW,直流落地式充电桩 30kW、60kW、120kW。以国家电网快充桩为例,其输出直流电压为 380V，电流可达 50A，输出功率可达 19kW，不过，为保护电池，在电池容量达 80% 以后，充电电流会慢慢降到 10A 左右，这时，若换到慢充桩继续将电充满，会提高充电效率。

直流快充桩充电非常迅速，充电时间短，可以大容量充电，但相对于常规充电模式，快速充电的充电器充电效率较低，且相应的安装成本较高；由于采用快速充电，充电电流大，这就对充电技术方法以及充电的安全性提出了更高的要求，同时计量收费设计也需特别考虑。

随着电池技术的不断提升，对于直流快充的充电配比也会从 1~6C 提高到以 3C 开始到 10C 的速度。三五年内主流电动汽车性能要求应该达到以下几方面要求：

① 电池容量：20~50kW·h。
② 续航里程：200~500km。
③ 百公里耗电：10~15kW·h。
④ 充电倍率：3~10C。

图 3-1　直流快充桩

按照这个性能要求，40kW 充电桩要做到 3C 的话要 120kW。这就意味着，在未来，要同时满足 400km 续驶里程及短时间（充电时间在 10min 左右）充电的话，对于充电桩的充电功率将要求很高，150~240kW 的直流输出会是未来两三年的趋势。

2. 快充接口电路与线束

快充接口是快充枪与车身连接的输电接口，它通过直流充电柜将高压直流电通过直流充电口给动力电池充电，直接关系到充电质量。因为充电电流大，充电枪与车身的连接阻值必须很小，且连接可靠，防止突然拔枪断电拉弧，防止充电时开车，防止过充、接口温度过高等，所以快充时会考虑多项安全因素，快充过程会更复杂。

(1) 快充接口电路图　快充接口是车身与快充枪连接的部位，如图 3-2 所示，快充接口电路反映快充枪各脚与车身各电路的连接关系。

(2) 快充接口针脚

快充接口有 9 个针脚，如图 3-3 所示。

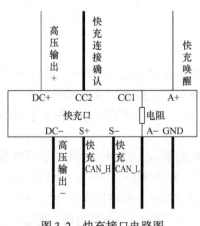

图 3-2　快充接口电路图

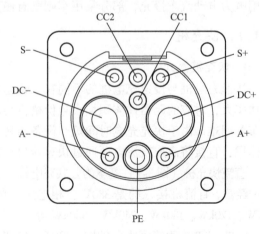

图 3-3　快充接口针脚

快充接口各针脚功能见表3-1。

表3-1 快充接口各针脚功能

端子号	功能
DC –	直流电源负极
DC +	直流电源正极
PE	车身地（搭铁）
A –	低压辅助电源负极
A +	低压辅助电源正极
CC1	充电连接确认
CC2	充电连接确认
S +	充电通信 CAN_H
S –	充电通信 CAN_L

其中快充接口中，DC+、DC–通过高压配电后与高压蓄电池正、负极母线相连；CC1为充电桩的充电连接确认信号（充电口端有1kΩ电阻），即充电桩确认枪是否插好；CC2连接VCU，为快充接口连接确认信号（充电枪端有1kΩ电阻），即车辆确认枪是否插好；A+、A–为12V低压辅助电源；S+、S–为快充CAN信号线。

（3）快充接口与整车连接线束 快充接口与整车连接线束如图3-4所示。

充电口与整车低压线束连接的为6脚插件，各针脚功能见表3-2。

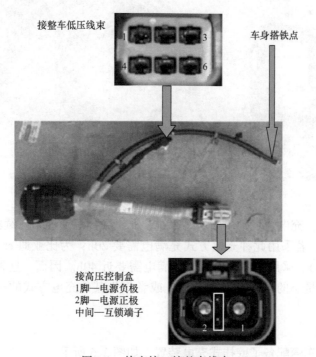

图3-4 快充接口接整车线束

表 3-2　快充接口接整车低压线束插件各针脚功能

端子号	功能
1	A−（低压辅助电源负极）
2	A+（低压辅助电源正极）
3	CC2（充电插接器确认）
4	S+（充电通信 CAN_H）
5	S−（充电通信 CAN_L）
6	空

3.1.2　慢充桩

慢充充电电流比较小，充电时间较长，是电动车最为常规的充电方式。常见慢充充电方式主要有便携充电、壁挂式充电和慢充桩充电。

1. 便携充电

便携充电是指使用随车附带的便携充电线（图 3-5）连接家用插座充电。这种充电方式非常方便，只要有插座，就可以充电。一般来说，家用插座电压为 220V，电流为 10A，理论功率为 2.2kW，而在实际使用中，充电功率一般只有 1.5kW。

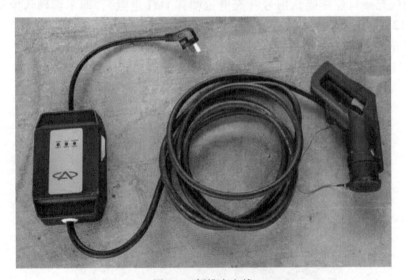

图 3-5　便携充电线

这种充电方式，充电速度很慢。举例来说，北汽新能源 EV200（续驶里程 200km，电池容量 30.4kW·h），若采用此种充电方式充满电需要 20h；为比亚迪 e6（续驶里程 300km，电池容量 57kW·h），采用此种充电方式充满电需要近 40h。因而，这种充电方式大多为续驶里程短、电池容量小的电动车充电采用，或者作为其他充电方式的一种补充，方便补电使用。

2. 壁挂式充电

有较多类型的车辆配备了壁挂式充电装置，如图 3-6 所示。

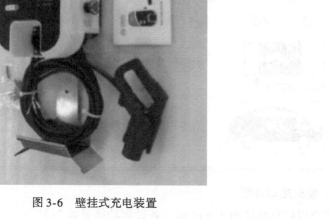

图 3-6 壁挂式充电装置

因每个厂商提供的充电装置规格不一，故充电速度不尽相同，但采用的大多是 220V 交流电，常用的有输出电流 16A、功率为 3.3kW 和输出电流 32A、功率为 7kW 两种规格。例如宝马 i3 所配备的壁挂式充电装置功率即为 7.4kW，启辰晨风配有 3.6kW 和 6.6kW 两种规格。基本上，不同型号的壁挂式充电装置虽然输出功率有差异，但都能保证 6~8h 将动力电池充满，满足用户使用要求。

3. 交流慢充桩充电

交流慢充桩一般由国家电网等电力企业建设、维护并经营，见图 3-7。不同于直流快充桩，交流慢充桩由于成本方面有较大优势，因而数量较多。

交流慢充桩一般采用两头充电枪（图 3-8）和电桩自带充电枪两种类型。

图 3-7 交流慢充桩

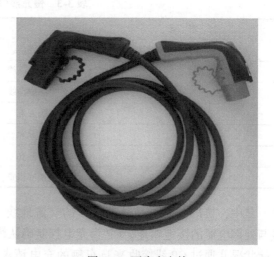

图 3-8 两头充电枪

充电枪输出的仍然是 220V 交流电源，输出功率和电流同壁挂式，亦因安装提供规格不同而有差异。常见的国家电网慢充桩电压为 220V，电流为 25A 左右，输出功率为 5.5kW，比较适合在夜间或上班时充电。

采用双头充电枪充电时注意线两头分别连接车辆慢充接口与充电桩电源接口，连接时需注意枪头标签。

标签中充电枪为黑色，连接充电桩。

标签中充电枪为蓝色，连接车辆。

4. 慢充接口针脚

慢充接口针脚如图 3-9 所示，各针脚功能见表 3-3。

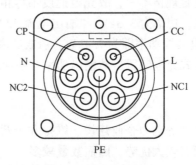

图 3-9　慢充接口针脚

表 3-3　慢充接口各针脚功能

针脚号	功能
CP	充电控制确认线
CC	充电连接确认线
N	交流电源中性线
L	交流电源 A 相
NC1	交流电源 B 相
NC2	交流电源 C 相
PE	车身接地（搭铁）

其中，接口 N 和 L 是外部输入的交流地线与电源线。PE 为接地线，车身接地通过 PE 线与外部电源的接地相连。CP 为充电控制确认线，充电桩通过 CP 信号确认充电枪与车辆的连接状况并通过 CP 线接收来自车辆的充电请求信号。CC 线为充电连接确认线，车辆通过监测 CC 线的 R_C 电阻值来确定充电枪提供的充电电流限值大小。具体对应关系见表 3-4。

表 3-4　充电枪 R_C 电阻与允许充电电流

R_C 阻值/Ω	最大充电电流/A
100	63
220	32
680	16
1500	10

3.1.3　车载充电机功能与接口定义

1. 车载充电机功能

车载充电机也称为交流充电机，可为电动汽车动力电池安全、自动充满电。充电机能依据电池管理系统（BMS）提供的数据，动态调节充电电流或电压参数，执行相应的动作，完成充电过程。车载充电机工作不良或损坏会导致车辆不能充电的故障，或导致动力电池充不满电量的故障。它具有以下功能：

1）具备高速 CAN 网络与 BMS 通信的功能，判断电池连接状态是否正确；获得电池系统参数及充电前和充电过程中整组和单体电池的实时数据。

2）可通过高速 CAN 网络与车辆监控系统通信，上传充电机的工作状态、工作参数和故障警告信息，接受启动充电或停止充电控制命令。

3）完备的安全防护措施：

① 交流输入过电压保护功能。

② 交流输入欠压警告功能。

③ 交流输入过电流保护功能。

④ 直流输出过电流保护功能。

⑤ 直流输出短路保护功能。

⑥ 输出软启动功能，防止电流冲击。

⑦ 在充电过程中，充电机能保证动力电池的温度、充电电压和电流不超过允许值；并具有单体电池电压限制功能，自动根据 BMS 的电池信息动态调整充电电流。

⑧ 自动判断充电插接器、充电电缆是否正确连接。当充电机与充电桩和电池正确连接后，充电机才能允许启动充电过程；当充电机检测到与充电桩或电池连接不正常时，立即停止充电。

⑨ 充电联锁功能，保证充电机与动力电池连接分开以前车辆不能起动。

⑩ 高压互锁功能，当有危害人身安全的高电压时，模块锁定无输出。

⑪ 具有阻燃功能。

2. 车载充电机外形

车载充电机外形如图 3-10 所示（以北汽新能源 EV200 为例），一般安装在车辆的前部，与高压分配盒、

图 3-10　车载充电机

电机控制器、DC/DC 等总成安装在机舱内，外形带有散热片和散热风扇，上面有三个连接接口，分别是交流输入端、直流输出端、低压通信控制端。

3. 车载充电机接口各端子功能

（1）直流输出接口端子　与动力电池连接的直流输出接口如图 3-11 所示。端子 A 为动力电池电源负极输出/输入，端子 B 为动力电池电源正极输出/输入。

（2）交流输入接口端子　与慢充电口连接的交流输入接口如图 3-12 所示。端子 1 与慢充电口的 L 端（交流电源线）相连接；端子 2 与慢充电口的 N 端（交流地线）相连接；端子 3 与慢充电口的 PE 端（地线）相连接；端子 4 为空脚；端子 5 与慢充电口的 CC 端（充电连接确认线）相连接；端子 6 与慢充电口的 CP 端（控制确认线）相连接，具体见表 3-5。

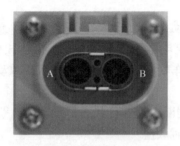

图 3-11　直流输出接口

图 3-12　交流输入接口

表 3-5　车载充电机交流输入接口各针脚功能

端　子　号	功　　能
1	L（交流电源）
2	N（交流电源）
3	PE（车身地）
4	空
5	CC（充电连接确认）
6	CP（控制确认）

（3）低压通信控制接口端子　低压通信控制接口共 16 个端子，如图 3-13 所示。

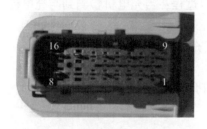

图 3-13　低压通信控制接口端子

低压通信控制接口各端子功能见表 3-6。

表 3-6 低压通信控制接口各端子功能

端 子 号	功 能
1	新能源 CAN_L（通信数据线）
2	CAN 地线
5	高压互锁信号线输出
8	充电机地线（低压蓄电池）
9	新能源 CAN_H（通信数据线）
11	CC 线与 VCU 端子 36 连接，慢充连接信号线
13	互锁输入（到空调压缩低压插件）
15	慢充唤醒线 12V 输出
16	充电机电源（低压蓄电池）12V 输入

3.1.4 动力电池与充电机的通信控制

1. 慢充充电通信

（1）慢充充电的条件　动力电池的 SOC 值低于 100%，高压互锁没有检测到打开，高压系统绝缘检测超过 500MΩ，检测电池处于正常工作环境（电池温度处于 0~55℃）。充电桩及充电枪性能正常，连接良好。

（2）慢充充电的控制　电动汽车充电系统主要是用低压电进行控制，充电枪连接慢充口后，充电枪的 CC 与 PE 端子之间有 12V 直流电作为充电连接信号输入充电机，并把该信号传输给 VCU，表示充电枪正确接入车辆慢充口。在接收到 CC 的信号后，充电机产生 12V 慢充唤醒信号传输给 BMS、VCU 和仪表，其实是给这些部件供电，保证 BMS、VCU 和仪表的正常工作，此时 VCU 通过信使信号（又称指令信号）给 DC/DC，DC/DC 被激活并给低压电池充电。

在钥匙置于 OFF 位的情况下，车载充电机已经处于正常工作状态，输出高压直流电。BMS、VCU 和仪表虽然已经处于通电状态，但 BMS、VCU 仍需检测车辆及动力电池是否处于允许充电状态，如果条件允许，BMS 接通动力电池正负极母线控制继电器，接通充电机输出端子，充电机为动力电池充电，车辆进入充电状态。充电时 BMS 通过 CAN 通信控制车载充电机工作状态，包括工作模式指令、动力电池允许最大电压、充电允许最大电流、加热状态电流值，保证充电时电压、电流是由 BMS 监控，保护电池的充电安全。电池检测充电完成后，BMS 给充电机发送停止充电指令，车载充电机停止工作，关闭 12V 慢充唤醒电源，VCU 指令 DC/DC 停止工作，BMS 切断动力电池正负极母线控制继电器，充电结束。

在气温寒冷的地区充电时，需要对动力电池加热。加热状态时，BMS 将闭合负极继电器和加热继电器，通过 PTC 给动力电池包内的电池单体进行加热。此时，PTC 相当于一个电阻负载，充电机对负载直接供电，且充电机不判断其输出端电压就闭合继电器开始工作。充电状态时，BMS 将闭合正极及负极继电器，车载充电机将先判断其输出端电压值，当检测到电压值满足充电条件后，充电机将闭合其输出端继电器，并开始工作。

（3）慢充系统充电流程　慢充系统充电流程如图 3-14 所示。

在充电过程中，高压系统由低压系统检测和控制，除高压部件外，BMS、VCU、信号采集器、DC/DC 等部件也会被唤醒参与充电过程的监测和控制。

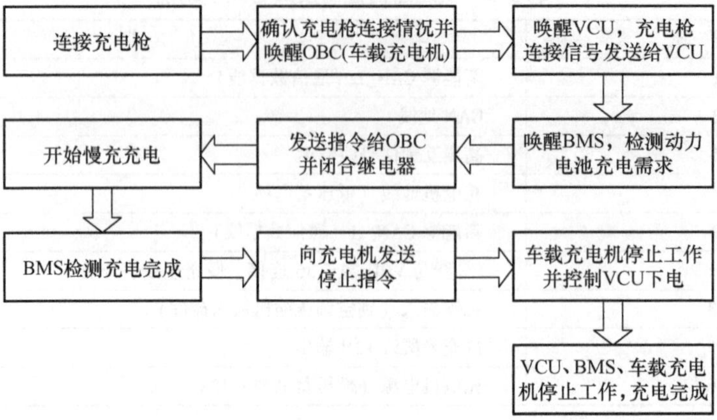

图 3-14 慢充系统充电流程

2. 快充充电通信

（1）快充系统充电过程

1）快充枪的连接过程。快充桩通过充电枪与快充接口（车上侧）的信号连接，如图 3-15 所示。快充枪插入车辆快充接口后，快充桩通过快充口的 CC1 信号判断充电插头与车辆是否连接，而车端则根据 CC2 信号进行判断，只有当车端和桩端都判定充电枪已连接才能判断为充电连接确认无误。

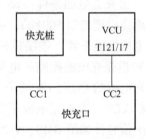

图 3-15 快充桩与车的快充连接模块图

2）快充唤醒信号。快充唤醒是为了配合快充完成，车辆其他相关系统从原来的休眠状态转入充电状态。相应的唤醒信号如图 3-16 所示。快充充电枪与车身快接口连接后，快充桩低压电源继电器 K3、K4 闭合，12V 辅助电压输入车身 VCU、RMS（数据采集终端）和仪表，唤醒各部件并通电工作，为车与充电桩的握手对话作准备。VCU 输出 BMS 唤醒信号，BMS 进入充电准备状态；VCU 输出快充使能信号，DC/DC 进入工作状态，保障充电中所需要的辅助电能；VCU 输出快充唤醒信号，保障快充过程握手和双方数据通信。

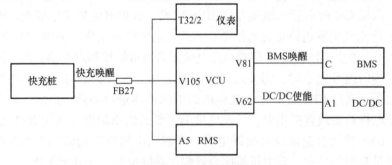

图 3-16 快充唤醒控制图

3）快充 CAN 信号。快充 CAN 电路由 RMS 数据采集终端、BMS 系统和快充桩组成，如图 3-17 所示，在快充时完成三个部件的信息传输，RMS 数据采集终端只提供检测数据。

快充的整个过程，充电桩与车辆不断交换信息，包括充电枪刚连接时握手过程的数据交换等，进入充电状态时，车端仍然需要向桩端传输允许充电电流、电池温度、SOC、充电中止等信息，桩端向车端传输输出的最大电流、电压、充电终止等信息，大量的信息通过快充CAN线传输，快充CAN保障充电过程大量信息传输的需求。

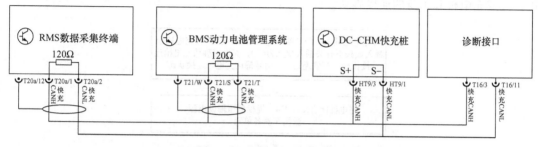

图3-17 快充CAN电路组成

（2）快充连接原理图　快充系统结构原理如图3-18所示，S是电枪常闭开关，按下时S断开。通过快充系统结构原理图可以发现，快充系统充电并没有通过车载充电设备，动力电池（电池包）正负极通过K5、K6直接与输入电源正负极相连，而充电机利用CC1与PE接地之间的电阻值来确认充电枪是否正确连接，车辆则通过CC2信号来完成。在快充系统中，所有的充电需求与信号传输都是通过S+、S−的CAN总线来完成。此外，充电桩还提供了A+、A−的12V低压供电来保证车辆低压控制单元的运行。

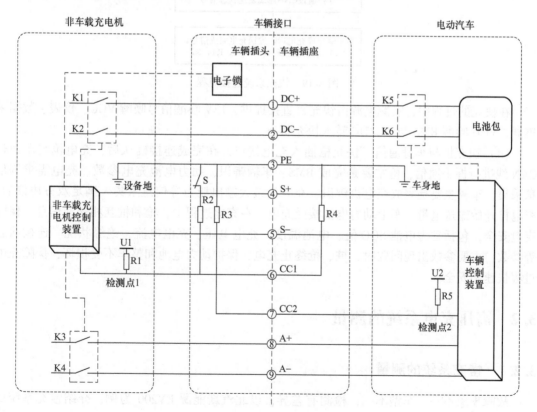

图3-18 快充系统结构原理

其中检测点1（CC1）的电压是充电桩确认点，充电桩采集该点电压作为连接正确与否的依据；检测点2（CC2）的电压是车辆确认点，车辆采集该点电压作为连接正确与否的依据。

（3）快充系统连接流程　快充系统连接流程如图3-19所示。检测CC1和CC2电压的变化，完成充电桩和车身的连接确认。

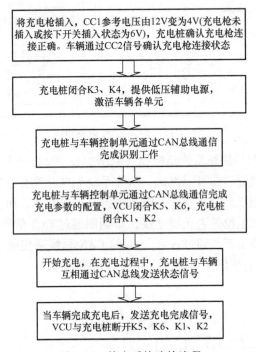

图3-19　快充系统连接流程

在快充的过程中，唤醒电源由快充桩直接提供，12V唤醒信号唤醒VCU、仪表、数据采集器，VCU唤醒BMS与DC/DC转入快充状态。

（4）快充桩与车身通信　快充枪插入充电接口，在完成连接确认后，充电枪与车通过CAN线进行握手通信，枪主要是完成BMS、车辆辨识、动力电池充电参数、充电需求等信息采集，车辆主要是完成充电机辨识、充电机最大输出能力等信息采集，满足双方协议后，充电桩开始输送电量，车上动力电池接受充电。在充电过程中，枪和桩互相交换信息，保障充电安全，包括动力电池SOC值、电池温度、充电电压、充电电流、绝缘状况、连接状态等参数，重要参数出现问题时，桩、枪终止充电，保护动力电池和整车不受损坏，保障充电过程快速和安全。

3.2　高压充电系统的测量

3.2.1　慢充系统的测量

故障现象不一、车型不一，检测有差异，以北汽新能源EV200为例，介绍慢充系统的主要测量内容：

1) 确认充电桩提供的工作电压范围在 187~253V。
2) 连接好充电线后,观察车载充电机指示灯情况,共三个指示灯:电源、工作、故障。
3) 查看仪表显示情况。

在充电的过程中,可以通过车辆仪表观察整车充电状态与参数,并通过故障灯判断充电是否正常进行。充电状态显示如图 3-20 和图 3-21 所示。

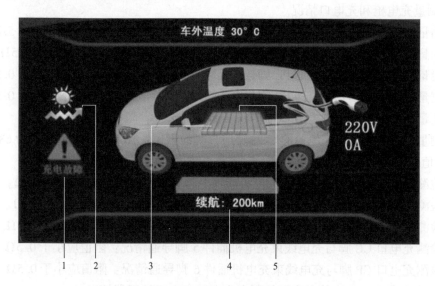

图 3-20　充电状态显示 1

1—充电故障指示灯　2、5—动力电池加热指示灯　3—电量指示　4—续驶里程

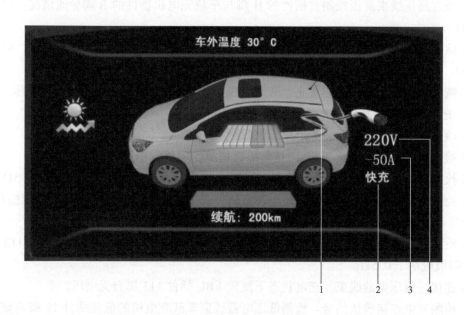

图 3-21　充电状态显示 2

1—模拟电流　2—快充状态　3—充电电流　4—动力电池电压

仪表主要故障灯有：

：充电指示灯，在电量低于 30% 时点亮，在电量低于 10% 时仪表显示"请尽快充电"用于提示电量不足。

：充电枪连接指示灯，当充电枪与充电接口正确连接时在仪表中显示。

4）测量充电枪和充电口情况。

① 测量充电线桩端充电枪的 N 脚与车辆端的 N 脚导通情况：阻值应小于 0.5Ω。

② 测量充电线桩端充电枪的 L 脚与车辆端的 L 脚导通情况：阻值应小于 0.5Ω。

③ 测量充电线桩端充电枪的 PE 脚与车辆端的 PE 脚导通情况：阻值应小于 0.5Ω。

④ 测量充电线桩端充电枪的 CP 脚与车辆端的 CP 脚导通情况：阻值应小于 0.5Ω。

⑤ 测量充电线桩端充电枪的 CC 脚与 PE 脚导通情况：阻值应小于 0.5Ω。

⑥ 测量充电线车辆端充电枪的 CC 脚与 PE 脚的阻值：16A 充电线阻值应为 680Ω；32A 充电线阻值应为 220Ω。

⑦ 检测充电口 L 脚与充电线束充电机插件 1 脚导通情况：阻值应小于 0.5Ω。

⑧ 检测充电口 N 脚与充电线束充电机插件 2 脚导通情况：阻值应小于 0.5Ω。

⑨ 检测充电口 PE 脚与充电线束充电机插件 3 脚导通情况：阻值应小于 0.5Ω。

⑩ 检测充电口 CC 脚与充电线束充电机插件 5 脚导通情况：阻值应小于 0.5Ω。

⑪ 检测充电口 CP 脚与充电线束充电机插件 6 脚导通情况：阻值应小于 0.5Ω。

5）检查车载充电机本体及高压控制盒内车载充电机熔断器情况。

6）检查高压控制盒与车载充电机电路情况。

① 检查高压线束高压控制盒插件的 H 脚与车载充电机插件的 B 脚导通情况：阻值应小于 0.5Ω。

② 检查高压线束高压控制盒插件的 F 脚与车载充电机插件的 A 脚导通情况：阻值应小于 0.5Ω。

③ 恢复车辆高压线束，测量充电时高压线束车载充电机插件 A、B 脚之间电压。

7）充电唤醒信号及仪表充电指示灯检查。

① 检查前机舱低压电器盒 FB02 熔丝情况。

② 检测熔丝盒供电端子与 FB02 熔丝导通情况：阻值应小于 0.5Ω。

③ 检测 FB02 熔丝与熔丝盒背面 A6 插件的 A8 端子导通情况：阻值应小于 0.5Ω。

④ 检测低压电器线束前机舱低压电器盒插件 J6 的 A8 脚与车载充电机的低压插件 16 脚导通情况：阻值应小于 0.5Ω。

⑤ 检测低压电器线束车载充电机的低压插件 15 脚与整车控制器 VBU 插件的 113 脚导通情况：阻值应小于 0.5Ω。

⑥ 连接好低压电器线束，充电状态下测量 VBU 插件 113 脚有无电压。

⑦ 检测充电连接确认信号：检测低压电器线束车载充电机的低压插件 12 脚与整车控制器 VBU 插件的 36 脚导通情况：阻值应小于 0.5Ω。

⑧ 连接好低压电器线束，充电状态下测量 VBU 插件 36 脚有无电压：电压应低于 0.5V。

⑨ 检查动力电池唤醒信号：检测整车控制器插件 81 脚与动力电池插件 C 脚导通情况；阻值应小于 0.5Ω。

⑩ 检查动力电池总负接触器控制信号：检测整车控制器插件 97 脚与动力电池低压插件 F 脚导通情况；阻值应小于 0.5Ω。

⑪ 连接好线束，充电状态下，检测电路电池低压插件 C 脚唤醒信号电压；应为 12V（与低压蓄电池一致）。

3.2.2 快充系统的测量

以北汽新能源 EV200 为例，介绍两种故障现象的主要测量内容。

1. 快充桩与车辆无法通信

1）快充设备工作正常。

2）整车控制器 VBU 和动力电池管理系统 BMS 软件版本号为最新。

3）检测快充口 8 脚与车身负极的导通情况：阻值应小于 0.5Ω。

4）测量快充口 4 脚与 7 脚阻值：正常为 1000Ω。

5）检查充电唤醒信号：

① 检测前机舱低压电器盒 FB27 熔丝完好情况。

② 检测 FB27 熔丝是否有快充唤醒信号：测量快充口 9 脚与快充线束端插件 2 脚导通情况；阻值应小于 0.5Ω。

③ 检测快充口 4 脚与快充线束端插件 7 脚阻值：正常为 1000Ω。

④ 检测低压电机线束快充连插接器 2 脚与前机舱低压电器盒 16 针插件的 A5 脚导通情况；阻值应小于 0.5Ω。

⑤ 检测前机舱低压电器盒 FB27 熔丝和背面的 J8/A7 导通情况：阻值应小于 0.5Ω。

⑥ 检测前机舱低压电器盒 FB27 熔丝和背面的 J11/A10 导通情况：阻值应小于 0.5Ω。

⑦ 检测低压电机线束前机舱低压电器盒 16 针插件 J8 的 A7 针和 VBU 插件 T121/105 端子导通情况：阻值应小于 0.5Ω。

⑧ 检测前机舱线束低压电器盒连插接器 J11 的 A10 针与组合仪表 32 针插件的 4 针导通情况：阻值应小于 0.5Ω。

6）检测车辆连接确认信号：

① 检测快充口 2 针（CC2）与快充线束低压 6 芯插件 1 针退针及导通情况：阻值应小于 0.5Ω。

② 检测低压电机线束端快充连插接器的 1 针与整车控制器 VBU 插件的 17 针退针及导通情况：阻值应小于 0.5Ω。

7）无通信，检测以下项目：

① 快充口 1 针与 3 针之间的电阻是否为 60Ω。

② 检测快充口 1 针和快充线束端 5 针导通情况：阻值应小于 0.5Ω。

③ 检测快充口 3 针和快充线束端 6 针导通情况：阻值应小于 0.5Ω。

④ 检测低压电机线束端快充线束连插接器的 5 针和 6 针阻值：正常为 60Ω。

⑤ 检测低压电机线束端快充线束连插接器的 5 针与动力电池低压插件 T 针阻值：正常为小于 0.5Ω。

⑥ 检测低压电机线束端快充线束连插接器的 5 针与数据采集终端插件 2 针阻值：正常为小于 0.5Ω。

⑦ 检测低压电机线束端快充线束连插接器的 6 针与动力电池低压插件 S 针阻值：正常为小于 0.5Ω。

⑧ 检测低压电机线束端快充线束连插接器的 6 针与数据采集终端插件 1 针阻值：正常为小于 0.5Ω。

⑨ 检测低压电机线束端快充线束连插接器 5 针和 6 针阻值：正常为∞。

⑩ 检测数据采集终端 20 芯插件的 1 针和 2 针阻值：正常为 120Ω。

⑪ 检测电路电池 M 与 N 针（北汽新能源 EV150）阻值：正常为 120Ω。

2. 快充桩连接正常，动力电池信息正常，无充电电流

1）检测低压电器盒 FB02 熔丝完好情况。

2）检测熔丝盒的供电端子与 FB02 熔丝导通情况：阻值应小于 0.5Ω。

3）检测高压控制盒低压插件 1 针有无电压。

4）检测前机舱低压电器盒熔丝与背面 J8 插件的 B1 端子导通情况：阻值应小于 0.5Ω。

5）检测低压电机前机舱低压电器盒 16 芯插件 J8 的 B1 针与高压控制盒低压插件 1 针端子导通情况：阻值应小于 0.5Ω。

6）检测快充负极接触器控制信号：

① 快充启动后测量高压控制盒低压插件 2 针是否有搭铁控制电压。

② 快充启动后测量高压控制盒低压插件 3 针是否有搭铁控制电压。

7）测量动力电池与高压控制盒连插接器 A 与 B 的电压：应与动力电池低压一致，否则检测动力电池快充唤醒信号。

8）测量高压控制盒快充连接端子 A 与 B 有无电压：有则是电池问题，无则是高压控制盒问题。

3.3 不充电故障的诊断与排除

3.3.1 慢充不充电的故障诊断与排除

1. 常见故障

1）不能为动力电池充电故障，警告灯闪亮。

故障现象：不能为动力电池充电故障，警告灯闪亮。

故障判断：不能为动力电池充电，充电电路有故障。

排除故障：测量输入电压是否在 170~260V，检查充电桩与充电枪的连接是否正常，充电线是否过细，若直径小于 2.5mm^2，更换充电桩及满足条件的电线。

2）不能为动力电池充电故障，电源指示灯不亮。

故障现象：连接充电枪，充电机上指示灯都不亮，仪表上充电指示灯不亮。

故障判断：不能为动力电池充电，电源没有正确连接、车载充电机损坏。

排除故障：检查充电桩供电是否正常，充电枪是否正常，充电机 CC 端是否有 12V 电压,如果都正常,则判断车载充电机损坏,更换充电机。

3)不能为动力电池充电故障,警告灯闪亮,仪表上充电机过热警告灯亮。

故障现象:不能为动力电池充电故障,警告灯闪亮,充电机过热警告灯亮。

故障判断:不能为动力电池充电,充电机有温度过高的故障。

排除故障:检查充电机散热风扇是否转动;检查散热风扇是否过脏,发现外表有杂物堵塞散热风道,清除后排除故障。

4)慢充时充电桩显示车辆未连接。

故障排除:

① 检查车辆与充电桩两端枪是否反接。

② 检查充电枪车端 CC 与 PE 是否有 680/220 Ω 电阻。

③ 检查充电枪桩端 CC 与 PE 是否导通。

④ 检查 VCU70 脚与 CC 是否导通。

5)数据流显示动力电池继电器未闭合。

故障排除:

① 检查插接器是否正常连接,检查充电机输出唤醒是否正常。

② 检查 VCU 与 BMS 通信是否正常。

③ 检查 BMS 内部是否有故障。

6)电池继电器正常闭合,但充电机无输出电流(数据流见图3-22)。

名称	当前值	单位
动力电池充电请求	请求充电	
动力电池加热状态	未加热	
动力电池当前充电状态	充电状态	
动力电池允许最大充电电流	10.0	A
动力电池加热电流请求值	6.0	A
动力电池允许最高充电端电压	370.00	V
剩余充电时间	0	min
CHG初始化状态	已完成	
动力电池加热状态	停止加热	
充电机当前充电状态	正在充电	
充电机输出端电流	7.5	A
充电机输出端电压	3353.0	V
充电机输出端过压保护故障	正常	
充电机输出端欠压保护故障	正常	
充电机输出电流过流保护故障	正常	
充电机过温保护故障	正常	

图 3-22 数据流结果

故障排除:

① 检查高压插接器及线缆是否正确连接。

② 用诊断仪查看充电监控状态。

2. 典型案例分析

案例1：一辆北汽新能源 EV200 车型，行驶约 180km 后，进行交流充电桩充电。起动车辆后，仪表信息显示正常。下电充电时，仪表无任何反应，无法慢充。

（1）故障原因分析　慢充充电时仪表无任何信息，说明仪表未被唤醒或仪表供电电源线路存在故障。整车上电时仪表信息显示正常，说明仪表供电电源线路正常，初步判定车辆慢充唤醒存在问题。

车载充电机内部的自励唤醒电源模块将高压电转换获得慢充唤醒信号，由此可见慢充唤醒信号与充电设备和零部件有直接的关系，另外车载充电机的 12V 低压供电电源如果存在问题也会导致车载充电机内部控制模块无法工作，从而造成唤醒信号故障，结合故障车辆在充电时车载充电机电源灯点亮，故障指示灯熄灭，证明车载充电机内部的自励唤醒电源模块和 12V 低压供电电源正常，应重点检查唤醒信号输出线路。

（2）故障排除

1）利用 BDS 诊断软件读取整车各系统数据流。

① 整车控制器数据流显示：母线电压为 0V，母线电流为 0A，说明动力电池不能正常进行自检。整车模式变量运行异常且 State 状态为 12，说明整车控制器未被唤醒。

② 组合仪表数据流显示：慢充输入信号无效且各个故障灯都未点亮，说明仪表未被唤醒。

③ 车载充电机数据流显示：车载充电机工作模式处于待机状态，且输出电压和电流数值均为零，证明车载充电机没有输出高压电，另外输入电压值为 236V，证明充电桩至车载充电机的高压线路无故障。

2）检查车载充电机低压线束插件接插是否牢固，并观察是否有退针现象。

车载充电机低压线束插件 15 号针脚退针，导致慢充唤醒信号无法从车载充电机中输出，需进行修复处理。

3）测量车载充电机慢充唤醒输出信号的电压值。

将免剥线测试仪前端对准 CHG 低压插件 15 号针脚所在的线束，后端与绝缘测试仪正极连接，绝缘测试仪负极与车身搭铁相连，档位选择为电压档，慢充刷卡，观察绝缘测试仪显示数值。若为 13.8V 的电压数值，说明车载充电机可正常输出慢充唤醒信号，车载充电机内部无故障。

4）慢充唤醒信号传输线路检测。

检测 CHG 低压插件 A15 与 VCU V113 导通情况、CHG 低压插件 A15 与 ICM 4 导通情况、CHG 低压插件 A15 与 RMS A7 导通情况。若均导通，说明慢充唤醒信号传输线路完好，无故障现象。

（3）结论　此次故障确为车载充电机低压插件 15 号针脚退针，导致慢充唤醒信号无法从车载充电机中输出。

案例2：一辆北汽新能源 EV200 车型，使用三个月后，整车上电时仪表显示正常，但交流充电桩充电时，仪表"充电线连接指示灯"熄灭，提示"请连接充电枪"（图3-23）。

（1）故障原因分析　交流充电桩充电时，仪表"充电线连接指示灯"熄灭，提示"请连接充电枪"，说明此时车辆已完成充电准备且充电枪连接完好，可基本判断故障由"充电线连接指示灯"供电电源断路或连接确认信号异常导致。

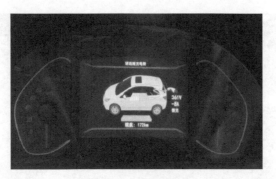

图 3-23　仪表故障显示

（2）故障排除

1）利用 BDS 诊断软件读取整车故障码（图 3-24）。

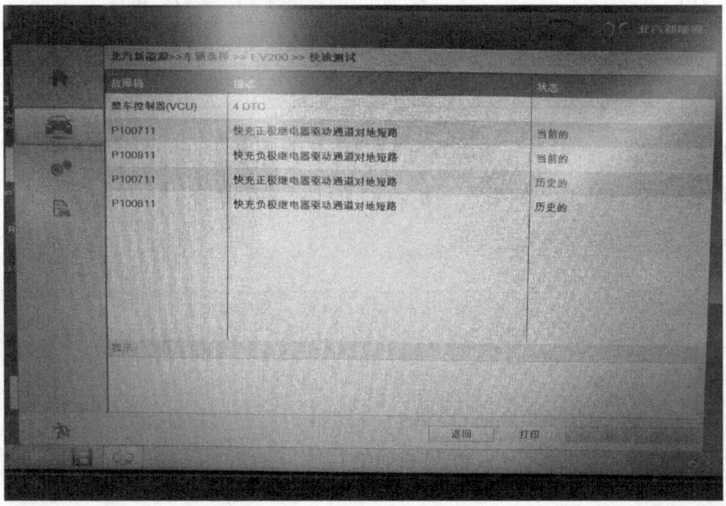

图 3-24　故障码显示

故障码说明见表 3-7。

表 3-7　故障码说明

故　障　码	故障码说明
P100813	快充负极继电器驱动通道开路
P100713	快充正极继电器驱动通道开路
P100711	快充正极继电器驱动通道对地短路
P100811	快充负极继电器驱动通道对地短路

故障码分析：故障码表明故障原因与快充继电器相关，由整车电路原理图可推断，故障点应该为"充电线连接指示灯"供电线路故障。

2）利用 BDS 诊断软件读取整车各系统数据流。

① 整车控制器数据流如图 3-25 所示。

整车数据流结果见表 3-8。

图 3-25 整车数据流

表 3-8 整车数据流结果

整车 State 状态：110	母线电压实际值 V1：360V
整车模式变量：立即慢充	母线电压实际值 V2：360V
母线电流：-8.76 A	母线电压实际值 V3：360V

数据流分析：母线电流为负，说明此时处于立即慢充，母线实际电压与车载充电机输出电压相近，说明车载充电机内部 PFC、DC/DC 模块均正常。

② 组合仪表数据流如图 3-26 所示。

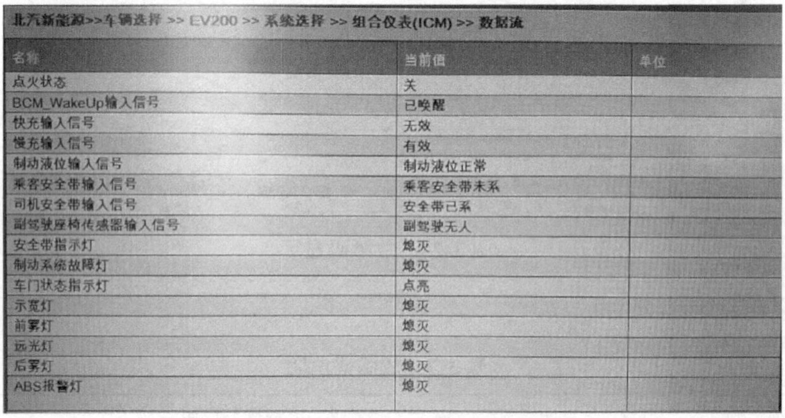

图 3-26 组合仪表数据流

组合仪表数据流结果见表 3-9。

表 3-9 组合仪表数据流结果

慢充输入信号：有效	系统故障灯（红色）：熄灭
充电故障指示灯：熄灭	系统故障灯（黄色）：熄灭
充电提醒指示灯：熄灭	REMOTE（远程模式）：熄灭

数据流分析：慢充输入信号有效并不代表充电连接确认信号电路完整无故障，只能说明慢充线束与交流充电桩无故障，此时 220V 交流电可正常输入车载充电机。

③ 车载充电机数据流如图 3-27 所示。

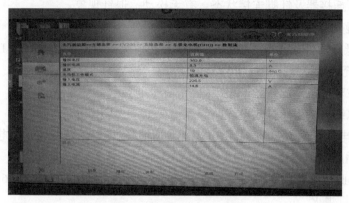

图 3-27　车载充电机数据流

车载充电机数据流结果见表 3-10。

表 3-10　车载充电机数据流结果

充电机工作模式：恒流充电	温度：19℃
输入电压：226.5V	输入电流：14.6A
输出电压：362.9V	输出电流：8.3A

数据流分析：车载充电机处于正常工作状态，温度、电压、电流数值均正常，说明车载充电机无故障。

④ 动力电池数据流如图 3-28 所示。

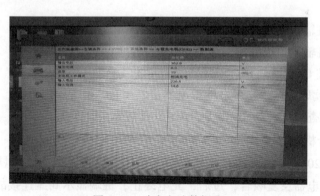

图 3-28　动力电池数据流

动力电池数据流结果见表 3-11。

表 3-11　动力电池数据流结果

动力电池充电请求：充电模式	动力电池当前状态：正常
动力电池允许最大充电电流：16.4A	动力电池允许最高充电端电压：377.65V

数据流分析：动力电池有关数据信息可以通过 CAN 线输送至诊断接口，说明动力电池 BMS 与 VCU 及车载充电机通信无故障。

3) 检测车辆"慢充连接确认信号"电路。

① 检查低压插接器及针脚连接状态:有无松动、退针现象。

② 检测"慢充连接确认信号"线束导通情况。

检测 CHG 低压插件 A11 与 VCU V36 针脚导通情况、VCU V85 与 ICM 11 针脚导通情况。

4) 检测"充电线连接指示灯信号"电路。

① 检测车载充电机电源熔丝 FB02(位于前舱电器盒)导通情况。

② 检测充电线连接指示灯供电线路导通情况。

检测低压蓄电池 与 前舱电器盒供电端子导通情况、FB02 插座与前舱电器盒供电端子导通情况、FB02 插座与车载充电机 A16 导通情况。

(3) 结论 此故障现象因前舱电器盒 FB02 熔丝熔断、车载充电机 T16b/11 针脚退针导致充电连接指示灯熄灭。

3.3.2 快充不充电的故障排除

1. 常见故障

1) 充电桩显示车辆未连接。

故障排除:

① 检查快充口 CC1 端与 PE 端是否有 1000Ω 电阻。

② 检查快充口导电层是否脱落。

③ 检查充电枪 CC2 与 PE 是否导通。

2) 用解码器读取数据,显示动力电池继电器未闭合。

故障排除:

① 检查充电桩输出正极唤醒信号是否正常。

② 检查充电桩输出负极唤醒信号与 PE 是否导通。

③ 检查充电桩 CAN 通信是否正常。

3) 用解码器读取数据,显示电池继电器正常闭合,但无输出电流。

故障排除:检查充电桩与动力电池 BMS 软件版本是否匹配。

2. 典型案例分析

案例 1:一辆 2013 年生产的北汽新能源 EV150,快充无法充电。具体表现为:起动充电后,车辆高压继电器反复吸合,过后,充电终止,桩端显示高压连接故障。

(1) 故障原因分析

1) 初步分析,造成 CC2 电压过低的可能原因为充电枪电阻不正常、CC2 受电磁干扰影响、BMS 采集 CC2 电压不正常。

2) 测量充电枪电阻,阻值为 1000Ω,正常。

观察周边设施及车辆情况,受电磁干扰的可能性较小,因而判断 BMS 工作不正常导致 BMS 采集的 CC2 电压不正常的可能性比较高。

3) 测量车端 A+电压,发现电压只有 8V 左右,因此怀疑 A+电压过低导致 BMS 工作不正常,取 12V 蓄电池电模拟充电桩 A+,发现 CC2 电压正常,车辆可以正常快充。

(2) 故障排除

1) 充电桩低压电源模块空载时输出电压为 13V 左右，带载时（负载功率 40W 以内，远小于电源模块的额定功率 150W），输出电压为 10V 左右（直接在电源模块的输出端口测量），但是在充电枪端测量电压值为 8V 左右，从电源模块输出端到充电枪端，有 2V 左右的压降，测量此段线束阻值，0.7Ω，阻值过大；

2) 将 150W 电源模块更换为 350W 电源模块，并调高模块输出电压后，CC2 电压正常，车辆均可正常快充。

(3) 结论

1) 充电桩电源模块低负载工作时，工作电压只有 10V 左右，电压过低；

2) 充电桩低压电源线束（电源模块输出端至快充插头之间）电阻过大，达到 0.7V，造成 A+压降（2V 左右）过大。

案例 2：一辆北汽新能源 EV200 车型，一个月前发生一起交通事故，后对车辆进行了钣金整形和油漆喷涂处理。在高速路上行车时，仪表充电提醒灯点亮，用直流充电桩对车辆进行快充，此时快充桩显示无法与车辆连接，车辆仪表上没有充电界面，无法进行充电。

(1) 故障原因分析　快充桩显示无法与车辆正常连接，则证明桩车存在通信故障，引起快充通信故障的原因有快充线束搭铁不良、快充唤醒故障、连接确认信号故障、CAN 通信信号故障或低压辅助电源供电异常。考虑车辆维修历史情况和仪表故障现象，首次重点检查快充线束搭铁和快充唤醒线路。

(2) 故障排除

1) 检查快充线束搭铁点是否正常。

2) 检测快充唤醒信号传输线路情况：检测快充口 9 针与快充线束低压插件 2 针导通情况、FB27 熔丝完好情况、FB27 至 VCU T121/105 导通情况、FB27 至 ICM T32/4 导通情况。

3) 检测快充连接确认信号是否正常：检测快充口 2 针与快充线束低压插件 1 针导通情况、快充低压线束相连插件 1 针与 VCU T121/17 导通情况。

4) 检测快充 CAN 通信信号是否正常：检测快充口 1 针与 3 针之间的电阻是否为 60Ω、动力电池和数据采集插件 T20 的 1 针与 2 针之间的电阻是否为 120Ω、动力电池低压插件 T21 的 S 与 T 之间的电阻是否为 120Ω。

5) 检测快充低压辅助电源供电是否正常：执行快充刷卡操作后，测量快充线束低压 6 芯插件 1 针和 2 针之间的电压，确认测量结果是否符合 (12±0.6)V 的正常值范围。

(3) 结论　经检查，快充线束搭铁点出现螺钉松动，导致车辆与充电桩无法正常通信，需进行紧固处理。检测发现 FB27 熔丝熔断，导致快充唤醒信号传输线路断开，仪表无反应，需更换 FB27 熔丝。

本 章 小 结

1. 高压充电系统主要部件的结构、功能、工作原理。
2. 慢充系统特点、原理、测量。
3. 快充系统特点、原理、测量。
4. 电动汽车不充电故障的诊断与排除。

复习思考题

1. 电动汽车充电可分为哪几类？各有何特点？
2. 常见慢充充电方式主要有哪几种？各有何特点？
3. 车载充电机的安全防护措施主要有哪些？
4. 画出慢充系统充电流程。
5. 常见慢充不充电的故障原因是什么？如何排除？

实 训 项 目

实训 5　车载充电机更换

任务名称	车载充电机更换	日期		成绩	
学生姓名		学号		班级	
任务载体	北汽新能源 EV160				
任务目标	1. 掌握车载充电机结构及故障原理 2. 熟知车载充电机常见故障及原因 3. 掌握车载充电机更换流程				

一、故障现象陈述

一辆北汽新能源 EV160 电动汽车，进行交流充电时，发现仪表无充电界面且车载充电机故障指示灯点亮。维修人员检查后确认故障为车载充电机内不损坏，因此决定更换车载充电机。

二、信息收集

查阅北汽新能源 EV160 维修手册、使用说明书。查阅车载充电机电路图及相关线路。

三、任务实施

1. 作业前准备

2. 编写车载充电机更换流程

序号	内　　容

3. 诊断仪器和设备

4. 小组成员分工

主修员		记录员	
监护员		展示员	

5. 场地设备检查

检查工作场地和设备设施是否清洁及存在安全隐患，如不正常请汇报并进行处理。
安全防护用品：_____
作业工具：_____
实训设备设施：_____
辅助资料：_____

6. 安全要求及诊断注意事项

（1）_____
（2）_____
（3）_____

7. 车载充电机更换流程

序号	检测项目	备　　注

8. 故障点确认、排除方法

9. 故障验证

四、检验和评估

1. 小组互评

其余学生小组根据展示小组代表阐述本组任务实施过程，进行评价，并记录评价结果。

序号	评价标准	评价结果
1	任务目的制定合理恰当	
2	任务过程表述清晰明确	
3	任务结果符合实际情况	
4	任务计划切实有效执行	
5	任务体会感受情感真实	
综合评价		

2. 组内互评

组长：_____　组号：_____

姓名									
分工									
评价									

3. 自我反思和自我评价（根据自己在课堂中的实际表现）

自我反思	
自我评价	

4. 教师评价

实训 6　慢充充电正常但无充电连接指示灯的诊断与排除

任务名称	慢充充电正常但无充电连接指示灯的诊断与排除	日期		成绩	
学生姓名		学号		班级	
任务载体	北汽新能源 EV160					
任务目标	1. 掌握慢充结构及工作原理 2. 熟知慢充常见故障及原因 3. 掌握慢充常见故障诊断与排除					

一、故障现象陈述

一辆北汽新能源 EV160 电动汽车,整车上电时仪表显示正常,使用交流充电桩充电时,充电电流正常,但仪表"充电线连接指示灯"熄灭。

二、信息收集

查阅北汽新能源 EV160 维修手册、使用说明书,查阅慢充电路图及相关线路。

三、任务实施

1. 故障原因分析

2. 编写故障诊断流程

序号	内容

3. 诊断仪器和设备

4. 小组成员分工

主修员		记录员	
监护员		展示员	

5. 场地设备检查

检查工作场地和设备设施是否清洁及存在安全隐患,如不正常请汇报并进行处理。

安全防护用品：＿＿＿＿＿＿＿＿＿＿＿＿＿＿＿＿＿＿＿＿＿＿＿＿＿＿＿＿＿＿＿

作业工具：＿＿＿＿＿＿＿＿＿＿＿＿＿＿＿＿＿＿＿＿＿＿＿＿＿＿＿＿＿＿＿＿＿

实训设备设施：＿＿＿＿＿＿＿＿＿＿＿＿＿＿＿＿＿＿＿＿＿＿＿＿＿＿＿＿＿＿

辅助资料：＿＿＿＿＿＿＿＿＿＿＿＿＿＿＿＿＿＿＿＿＿＿＿＿＿＿＿＿＿＿＿＿

6. 安全要求及诊断注意事项

（1）＿＿＿＿＿＿＿＿＿＿＿＿＿＿＿＿＿＿＿＿＿＿＿＿＿＿＿＿＿＿＿＿＿＿

（2）＿＿＿＿＿＿＿＿＿＿＿＿＿＿＿＿＿＿＿＿＿＿＿＿＿＿＿＿＿＿＿＿＿＿

（3）＿＿＿＿＿＿＿＿＿＿＿＿＿＿＿＿＿＿＿＿＿＿＿＿＿＿＿＿＿＿＿＿＿＿

7. 诊断、检测流程

序号	检测项目	备注

8. 故障点确认、排除方法

9. 故障验证

四、检验和评估

1. 小组互评

其余学生小组根据展示小组代表阐述本组任务实施过程,进行评价,并记录评价结果。

序号	评价标准	评价结果
1	任务目的制定合理恰当	
2	任务过程表述清晰明确	
3	任务结果符合实际情况	
4	任务计划切实有效执行	
5	任务体会感受情感真实	
综合评价		

2. 组内互评

　　组长：_____　　组号：_____

姓名								
分工								
评价								

3. 自我反思和自我评价（根据自己在课堂中的实际表现）

自我反思	
自我评价	

4. 教师评价

实训 7　慢充充电仪表无充电界面的诊断与排除

任务名称	慢充充电仪表无充电界面的诊断与排除	日期		成绩	
学生姓名		学号		班级	
任务载体	北汽新能源 EV160				
任务目标	1. 掌握慢充结构及工作原理 2. 熟知慢充常见故障及原因 3. 掌握慢充常见故障诊断与排除				

一、故障现象陈述

　　一辆北汽新能源 EV160 电动汽车，充电时，仪表无任何反应且无法慢充。

二、信息收集

　　查阅北汽新能源 EV160 维修手册、使用说明书。查阅慢充电路图及相关线路。

三、任务实施

　　1. 故障原因分析

2. 编写故障诊断流程

序号	内　容

3. 诊断仪器和设备

4. 小组成员分工

主修员		记录员	
监护员		展示员	

5. 场地设备检查

检查工作场地和设备设施是否清洁及存在安全隐患，如不正常请汇报并进行处理。

安全防护用品：_____

作业工具：_____

实训设备设施：_____

辅助资料：_____

6. 安全要求及诊断注意事项

（1）_____

（2）_____

（3）_____

7. 诊断、检测流程

序号	检 测 项 目	备　注

8. 故障点确认、排除方法

9. 故障验证

四、检验和评估

1. 小组互评

其余学生小组根据展示小组代表阐述本组任务实施过程，进行评价，并记录评价结果。

序号	评价标准	评价结果
1	任务目的制定合理恰当	
2	任务过程表述清晰明确	
3	任务结果符合实际情况	
4	任务计划切实有效执行	
5	任务体会感受情感真实	
综合评价		

2. 组内互评

组长：_____   组号：_____

姓名										
分工										
评价										

3. 自我反思和自我评价（根据自己在课堂中的实际表现）

自我反思	
自我评价	

4. 教师评价

实训 8　充电指示灯常亮的诊断与排除

任务名称	充电指示灯常亮的诊断与排除	日期		成绩	
学生姓名		学号		班级	
任务载体	北汽新能源 EV160				
任务目标	1. 掌握慢充结构及工作原理 2. 熟知慢充常见故障及原因 3. 掌握慢充常见故障诊断与排除				

一、故障现象陈述

一辆北汽新能源 EV160 电动汽车，车辆未插充电枪，但仪表充电指示灯常亮。

二、信息收集

查阅北汽新能源 EV160 维修手册、使用说明书，查阅慢充电路图及相关线路。

三、任务实施

1. 故障原因分析

2. 编写故障诊断流程

序号	内　容

3. 诊断仪器和设备

4. 小组成员分工

主修员		记录员	
监护员		展示员	

5. 场地设备检查
检查工作场地和设备设施是否清洁及存在安全隐患，如不正常请汇报并进行处理。
安全防护用品：＿＿＿＿＿＿＿＿＿＿＿＿＿＿＿＿＿＿＿＿＿＿＿＿＿＿
作业工具：＿＿＿＿＿＿＿＿＿＿＿＿＿＿＿＿＿＿＿＿＿＿＿＿＿＿＿＿
实训设备设施：＿＿＿＿＿＿＿＿＿＿＿＿＿＿＿＿＿＿＿＿＿＿＿＿＿＿
辅助资料：＿＿＿＿＿＿＿＿＿＿＿＿＿＿＿＿＿＿＿＿＿＿＿＿＿＿＿＿

6. 安全要求及诊断注意事项
（1）＿＿＿＿＿＿＿＿＿＿＿＿＿＿＿＿＿＿＿＿＿＿＿＿＿＿＿＿＿＿＿
（2）＿＿＿＿＿＿＿＿＿＿＿＿＿＿＿＿＿＿＿＿＿＿＿＿＿＿＿＿＿＿＿
（3）＿＿＿＿＿＿＿＿＿＿＿＿＿＿＿＿＿＿＿＿＿＿＿＿＿＿＿＿＿＿＿

7. 诊断、检测流程

序号	检测项目	备注

8. 故障点确认、排除方法

9. 故障验证

四、检验和评估

1. 小组互评
其余学生小组根据展示小组代表阐述本组任务实施过程，进行评价，并记录评价结果。

序号	评价标准	评价结果
1	任务目的制定合理恰当	
2	任务过程表述清晰明确	
3	任务结果符合实际情况	
4	任务计划切实有效执行	
5	任务体会感受情感真实	
综合评价		

2. 组内互评

组长：_____ 组号：_____

姓名									
分工									
评价									

3. 自我反思和自我评价（根据自己在课堂中的实际表现）

自我反思	
自我评价	

4. 教师评价

_____

实训 9　充电界面正常但充电电流为零的诊断与排除

任务名称	充电界面正常但充电电流为零的诊断与排除	日期		成绩	
学生姓名		学号		班级	
任务载体	北汽新能源 EV160				
任务目标	1. 掌握慢充结构及工作原理 2. 熟知慢充常见故障及原因 3. 掌握慢充常见故障诊断与排除				

一、故障现象陈述

一辆北汽新能源 EV160 电动汽车，车辆采用交流充电时，仪表充电显示界面正常，但充电电流显示为零。

二、信息收集

查阅北汽新能源 EV160 维修手册、使用说明书，查阅慢充电路图及相关线路。

三、任务实施

1. 故障原因分析

2. 编写故障诊断流程

序号	内　　容

3. 诊断仪器和设备

4. 小组成员分工

主修员		记录员	
监护员		展示员	

5. 场地设备检查

检查工作场地和设备设施是否清洁及存在安全隐患，如不正常请汇报并进行处理。

安全防护用品：_____

作业工具：_____

实训设备设施：_____

辅助资料：_____

6. 安全要求及诊断注意事项

（1）_____

（2）_____

（3）_____

7. 诊断、检测流程

序号	检测项目	备　　注

8. 故障点确认、排除方法

9. 故障验证

四、检验和评估
1. 小组互评
其余学生小组根据展示小组代表阐述本组任务实施过程，进行评价，并记录评价结果。

序号	评价标准	评价结果
1	任务目的制定合理恰当	
2	任务过程表述清晰明确	
3	任务结果符合实际情况	
4	任务计划切实有效执行	
5	任务体会感受情感真实	
综合评价		

2. 组内互评
组长：_____ 组号：_____

姓名									
分工									
评价									

3. 自我反思和自我评价（根据自己在课堂中的实际表现）

自我反思	
自我评价	

4. 教师评价

实训 10　快充桩与车辆无法通信的诊断与排除

任务名称	快充桩与车辆无法通信的诊断与排除	日期		成绩	
学生姓名		学号		班级	
任务载体	北汽新能源 EV160				
任务目标	1. 掌握快充结构及工作原理 2. 熟知快充常见故障及原因 3. 掌握快充常见故障诊断与排除				

一、故障现象陈述

一辆北汽新能源 EV160 电动汽车,采用直流充电桩进行补电,快充桩显示无法与车辆连接,且仪表无充电界面。

二、信息收集

查阅北汽新能源 EV160 维修手册、使用说明书。查阅快充电路图及相关线路。

三、任务实施

1. 故障原因分析

2. 编写故障诊断流程

序号	内　　容

3. 诊断仪器和设备

4. 小组成员分工

主修员		记录员	
监护员		展示员	

5. 场地设备检查

检查工作场地和设备设施是否清洁及存在安全隐患，如不正常请汇报并进行处理。

安全防护用品：＿＿＿＿＿＿＿＿＿＿＿＿＿＿＿＿＿＿＿＿＿＿＿＿＿＿＿＿＿＿

作业工具：＿＿＿＿＿＿＿＿＿＿＿＿＿＿＿＿＿＿＿＿＿＿＿＿＿＿＿＿＿＿＿＿

实训设备设施：＿＿＿＿＿＿＿＿＿＿＿＿＿＿＿＿＿＿＿＿＿＿＿＿＿＿＿＿＿

辅助资料：＿＿＿＿＿＿＿＿＿＿＿＿＿＿＿＿＿＿＿＿＿＿＿＿＿＿＿＿＿＿＿

6. 安全要求及诊断注意事项

（1）＿＿＿＿＿＿＿＿＿＿＿＿＿＿＿＿＿＿＿＿＿＿＿＿＿＿＿＿＿＿＿＿＿

（2）＿＿＿＿＿＿＿＿＿＿＿＿＿＿＿＿＿＿＿＿＿＿＿＿＿＿＿＿＿＿＿＿＿

（3）＿＿＿＿＿＿＿＿＿＿＿＿＿＿＿＿＿＿＿＿＿＿＿＿＿＿＿＿＿＿＿＿＿

7. 诊断、检测流程

序号	检测项目	备注

8. 故障点确认、排除方法

9. 故障验证

四、检验和评估

1. 小组互评

其余学生小组根据展示小组代表阐述本组任务实施过程，进行评价，并记录评价结果。

序号	评价标准	评价结果
1	任务目的制定合理恰当	
2	任务过程表述清晰明确	
3	任务结果符合实际情况	
4	任务计划切实有效执行	
5	任务体会感受情感真实	
综合评价		

2. 组内互评

组长：_____ 组号：_____

姓名									
分工									
评价									

3. 自我反思和自我评价（根据自己在课堂中的实际表现）

自我反思	
自我评价	

4. 教师评价

_____

第 4 章

低压充电系统故障诊断

学习目标

- 了解新能源汽车低压供电系统的分类。
- 掌握 DC/DC 变换器的结构、充电条件、信号测量方法。
- 熟知低压蓄电池常见故障原因,并掌握其排除方法。

4.1 低压 12V 直流供电系统

电动汽车相对于传统汽车而言,电气化程度更高。由于电动汽车用驱动电机代替了发动机,故电动汽车用 DC/DC 变换器代替了传统燃油车中的发电机,由辅助蓄电池和 DC/DC 变换器共同为汽车用电器提供电能。

电动汽车低压 12V 直流供电系统主要包括蓄电池、DC/DC 变换器以及电气设备等。如图 4-1 所示,动力电池系统输出的高压直流电通过 DC/DC 变换器转换为低压直流电,一部分电能被电气设备使用,另一部分储存在蓄电池当中。

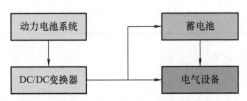

图 4-1 电动汽车 12V 直流供电系统框图

4.1.1 低压 12V 直流供电分类

1. 常电

常电是在蓄电池正常的情况下,均有规定电压的电源线,不受任何开关、继电器等控制的正电源。以北汽新能源 EV160 为例,常电是从蓄电池出来给熔丝盒、点火开关、VCU、BMS、PDU、MCU、数据采集终端及仪表等系统供电,一般用 30 号线表示,又被称为"常正电"。

如图 4-2 所示,北汽新能源 EV160 有两个常电线路 30(B+1) 和 30(B+2)。

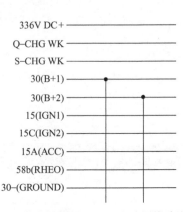

图 4-2 北汽新能源 EV160 电路图线路注解

2. 15 号供电线

15 号线是从点火开关出来的给仪表、ON 档继电器、旋钮式电子换档器及电动助力转向等系统供电的。15 号线为红黄线或红黑线,一般都是由中央继电器或点火锁控制的。

3. 使能供电

使能供电是由集成控制器 VCU 发出的信号电压。这里以北汽新能源 EV160 为例,VCU 的 62 号脚发出 DC/DC 变换器使能信号电压给 PDU 的 17 号脚。当 DC/DC 变换器接收到使能信号电压后,才会将高压直流电转换为低压直流电,给用电器供电以及给蓄电池充电。

4. 检测点

检测点为低压 12V 直流供电的电压检测点。一般用万用表检测蓄电池正负极柱外的金属套件处的电压值,如图 4-3 所示。在不上电的情况下,电压为 12~13V。上电后,由于 DC/DC 变换器开始工作,电压会有所上升,一般电压为 14V 左右。

图 4-3　低压直流电检测点

4.1.2　DC/DC 变换器为蓄电池充电条件

DC/DC 变换器将动力电池的高压直流电转换为低压直流电,给整车低压用电设备供电及给低压蓄电池充电。实车位置如图 4-4 所示。

DC/DC 变换器有四个插件接口,分别为低压输出负极、低压输出正极、低压控制端和高压输入端,如图 4-5 所示。各项参数及项目见表 4-1。

图 4-4　北汽新能源 EV160 DC/DC 变换器的实车位置

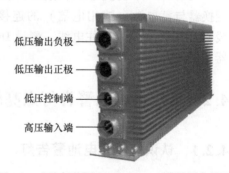

图 4-5　北汽新能源 EV160 DC/DC 变换器实物图

表 4-1 DC/DC 变换器项目参数表

项　目	参　数
输入电压	240～410V DC
输出电压	14V DC
效率	峰值大于 88%
冷却方式	风冷
防护等级	IP67

DC/DC 变换器为蓄电池充电的条件：

上电时，车辆控制器 VCU 工作正常，将 DC/DC 变换器使能信号传递给 DC/DC 变换器，DC/DC 变换器正常工作，将高压直流电转换为低压直流电，给蓄电池充电。

下电时，车辆进行慢充充电时，慢充连接确认后，慢充唤醒信号将车载充电机唤醒，同时，VCU 被唤醒，将 DC/DC 变换器使能信号传递给 DC/DC 变换器，DC/DC 变换器正常工作。车载充电机将 220V 的交流电转换为高压直流电，DC/DC 变换器将高压直流电转换为低压直流电，给蓄电池充电。车辆进行快充充电时，DC/DC 变换器不工作。

4.1.3　DC/DC 系统的测量

1. 使能信号测量

DC/DC 使能信号是由整车控制器 VCU 的 62 号脚发出的信号电压，找到 PDU 的 35P 插接器的 17 号脚，其电路如图 4-6 所示。在上电时若测量电压值为 12V，则说明使能信号电压正常。

2. 转换电压测量

在上电或慢充时，DC/DC 变换器将高压直流电转换为低压直流电。测量时，使用万用表电压档，测量蓄电池正负极柱外的金属套件处的电压值，DC/DC 变换器工作时，电压会高于蓄电池本体电压，一般为 13～14V，即为 DC/DC 变换电压。

3. 电流测量

测量 DC/DC 变换器工作电流时应找到 DC/DC 变换器与蓄电池（或用电器）的连接线（黑色线），用钳形电流表钳住电线，测量 DC/DC 变换器工作电流。

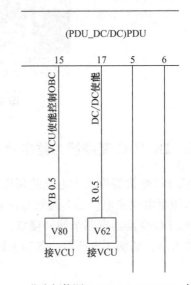

图 4-6　北汽新能源 EV160 PDU_DC/DC 电路图

4.2　低压蓄电池警告灯点亮的故障诊断与排除

4.2.1　认识低压蓄电池警告灯

低压蓄电池警告灯见图 4-7 箭头所指的指示灯，位于显示屏的下方，颜色为红色，点亮条件为蓄电池高/低压故障或 DC/DC 变换器故障。

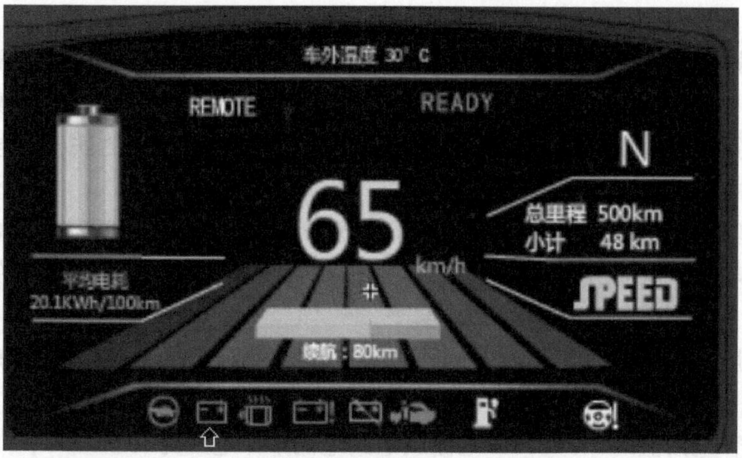

图 4-7　低压蓄电池警告灯

4.2.2　查阅警告内容并排除故障

蓄电池在使用中，常出现各种故障。外部故障有容器或盖子产生裂纹，封口胶的破裂，电桩的腐蚀等。内部故障有极板硫化，极板活性物质脱落，自行放电，极板间短路和极板弯曲等。

1. 极板硫化

蓄电池使用过程中，由于种种原因在极板上逐渐生成一层白色的粗晶粒硫酸铅，正常充电时不能转变为二氧化铅和纯铅，这一现象称为"硫酸铅硬化"，俗称"硫化"。

（1）故障现象　极板硫化后，粗而硬的硫酸铅晶体导电性差，体积大，会堵塞极板活性物质的孔隙，阻碍电解液的渗透和扩散作用，增加了蓄电池的内阻，使蓄电池的容量减小。其具体表现为放电时蓄电池电压急剧降低，充电时电压上升快，电解液温度迅速升高，但密度却增加很慢，且过早出现"沸腾"现象。

（2）故障原因

1）在充电不足的状态下长期放置。在这种情况下，由于昼夜温差的存在，白天气温高时硫酸铅的溶解度上升，夜间气温下降后硫酸铅的溶解度下降，发生再结晶，经多次再结晶形成大颗粒的硫酸铅沉附在极板表面。

2）液面高度过低。极板上部的活性物质暴露在空气中被氧化，车辆行驶时液面的波动使电解液与氧化了的活性物质接触，生成粗晶粒的硫酸铅。

3）电解液不纯。由于电解液不纯或其他原因造成的自行放电，会使蓄电池长期处于充电不足的状态，从而产生极板硫化。

（3）处理措施　极板硫化较轻时，可用"去硫充电法"消除硫化；硫化严重时不易恢复，则应报废。

2. 自行放电

充足电的蓄电池放置不用时逐渐失去电量的现象，称为"自行放电"。每昼夜的容量损失不超过 0.7% 时，属于蓄电池的正常自放电，否则属于故障性自放电。

(1) 故障原因

1）电解液不纯，杂质过多。杂质沉附在极板上，杂质和极板之间以及极板上不同杂质之间形成电位差，产生一个"局部电池"，有局部电流通过电解液，使正负极板上的活性物质转变为硫酸铅，从而使蓄电池容量减少。例如电解液中含有1%的铁，蓄电池在一昼夜间就会将电全部放光。

2）蓄电池内部有短路。隔板因受到经常性密度过大或温度较高（超过40℃）的硫酸溶液的腐蚀而被烧损，从而引起极板间短路；活性物质脱落，沉淀物过多堆积在壳体底部等也会使极板短路，从而引起蓄电池自行放电。

3）蓄电池盖上积存有电解液，使正负电桩短路等引起蓄电池自行放电的原因。

(2) 故障排除

先用额定容量数值的5%~10%电流放电到电池单体电压为1.1~1.2V（1.7V后可适当减小电流值），使杂质由极板上转入电解液。然后倒出电解液，并用蒸馏水泡洗各电池单体，每隔2~3h换一次水，直到倒出的蒸馏水无酸性为止（可用酸性试纸测定），然后加注正常密度的电解液并进行充电，即可使用。如上述方法无效，则应考虑拆开蓄电池进行内部检查，必要时更换新件。

3. 极板活性物质脱落和极板翘曲

铅蓄电池采用的是涂浆式极板，在使用中活性物质逐渐脱落是正常现象。如果短时间内发生极板活性物质脱落和极板翘曲损坏，则属于故障，应查找原因予以排除。

(1) 故障现象　电解液变为褐色，充电时电压上升过快、沸腾过早、密度达不到规定值；放电时电压下降快、容量下降。

(2) 故障原因

1）充放电电流过大，充电过量。

2）电解液温度、密度经常过高。如果温度经常高于45℃时，活性物质与栅架体积显著膨胀，因膨胀的程度不同，使极板栅架的活性物质产生裂纹而使之脱落，严重时极板翘曲。

(3) 故障排除　脱落量少时，清除后可继续使用；脱落严重时，容量减小，且易引起短路，须更换新极板。

极板翘曲，可校直后继续使用。校直的方法是先从电解液里提出极板，用两块木板夹在极板两面，放在台虎钳上慢慢压直，也可平放在木凳上用相当重量的物体先轻后重地慢慢压直。

4. 内部短路

(1) 故障现象　蓄电池开路端电压过低，无法上电；充电时，某电池单体的电解液相对密度上升很慢，充电末期产生气泡很少，温度上升很快，电压很低或者是零。

(2) 故障原因

1）蓄电池严重地进行过量充电或充电温度过高，使极板上活性物质脱落，形成短路。

2）使用时过量大电流放电，接着大电流充电，导致极板急剧弯曲变形，使活性物质脱落。

3）隔板腐坏，电解液不清洁或长期使用中沉淀物积聚过多。

(3) 故障判断与排除　拆开各电池单体，取出极板组并浸入蒸馏水中，清洗各电池单体壳底沉淀物，更换新的隔板并检查是否有导电杂质夹在正负极板间。清除后，将极板重新装入蓄电池壳体中，加入较稀的电解液进行充电，用 10 h 放电率检查充电和放电情况，再进行充电，并调整电解液密度到正常状态。

本 章 小 结

1. 电动汽车低压充电系统的组成及低压 12V 直流供电分类等。
2. DC/DC 变换器的功能及各项参数以及检测方法。
3. 低压蓄电池的常见故障及排除方法。

复习思考题

1. 电动汽车低压供电分为哪几个类型？各有什么特点？
2. 电动汽车低压供电系统有哪些常见故障原因？如何排除？

实 训 项 目

实训 11　低压蓄电池警告灯点亮的诊断与排除

任务名称	低压蓄电池警告灯点亮的诊断与排除	日期		成绩	
学生姓名		学号		班级	
任务载体	北汽新能源 EV160				
任务目标	1. 掌握电动汽车低压蓄电池故障排除方法 2. 熟知电动汽车低压蓄电池常见故障 3. 了解常见的电动汽车低压蓄电池故障原因				

一、故障现象陈述

　　一辆北汽新能源 EV160 电动汽车，当车辆上电时，观察仪表，无 READY 灯，低压蓄电池警告灯点亮，车辆不能行驶。

二、信息收集

　　查阅低压蓄电池常见故障相关资料，北汽新能源 EV160 维修手册、电路图、低压蓄电池相关线路。

三、任务实施

　　1. 故障原因分析

2. 编写故障诊断流程

序号	内　容

3. 诊断仪器和设备

4. 小组成员分工

主修员		记录员	
监护员		展示员	

5. 场地设备检查

检查工作场地和设备设施是否清洁及是否存在安全隐患，如不正常请汇报并进行处理。

安全防护用品：_____

作业工具：_____

实训设备设施：_____

辅助资料：_____

6. 安全要求及诊断注意事项

（1）_____

（2）_____

（3）_____

7. 诊断、检测流程

序号	检测项目	备　注

8. 故障点确认、排除方法

9. 故障验证

四、检验和评估

1. 小组互评

其余学生小组根据展示小组代表阐述本组任务实施过程，进行评价，并记录评价结果。

序号	评价标准	评价结果
1	任务目的制定合理恰当	
2	任务过程表述清晰明确	
3	任务结果符合实际情况	
4	任务计划切实有效执行	
5	任务体会感受情感真实	
综合评价		

2. 组内互评

组长：_____　　组号：_____

姓名										
分工										
评价										

3. 自我反思和自我评价（根据自己在课堂中的实际表现）

自我反思	
自我评价	

4. 教师评价

第 5 章

动力电池系统故障诊断

> **学习目标**
>
> - 掌握纯电动汽车动力电池功能及内部PACK技术。
> - 掌握纯电动汽车动力电池管理及控制策略。
> - 了解纯电动汽车动力电池包结构识别与检查。
> - 掌握动力电池高压回路检测与控制元件结构及原理。
> - 掌握动力电池预充控制、绝缘检测原理及方法。
> - 掌握动力电池常见故障现象、原因及排除方法。

5.1 动力电池包结构识别与检查

5.1.1 电池组外观检查

动力电池是电动汽车的能量储存装置和动力源,也是电动汽车最重要的部件,它决定了电动汽车的动力性能、续驶里程,还影响到电动汽车的制造成本。电池组外观检查主要包括车底外观检查、标识检查和插接器检查。

1. 车底外观检查

1)将车辆举升,目测动力电池底部,电池底板应平整无凹陷、划伤、锈蚀、损坏;电池箱体表面不得有划痕、尖角、毛刺、焊缝及残余油迹等外观缺陷,焊接处必须打磨圆滑。

提示:如发现以上情况应及时予以修理或更换。

2)目测密封条及进排气孔,进行电池箱体的密封检查。电动汽车需要适应各种路况,对动力电池而言,必须满足雨天的涉水要求,所以动力电池需要严密防水、防尘,防护等级达IP67,防止灰尘、雨水进入;动力电池箱体、插接器应能承受短时间雨水飞溅、浸湿,而不发生内部漏水、渗水现象,从而不影响汽车的正常使用。

3)检查动力电池组固定在车身上的螺栓是否完整无损伤,拧紧力矩是否达到规定值。

提示:电池组的外观检查需要做好记录,有损伤部位应做好标记,以便修理后恢复正常状态。

2. 标识检查

为了利于检查和型号核对,生产厂家在电池组的显著位置都贴有标识和标志,动力电池箱体上一般有安全警告标识和电池参数说明标签两个,见图5-1。其中电池参数说明标签标识了电池的类型、零件编号、生产序列号及主要性能、参数，如额定容量、额定电压、单体型号、出厂编号及生产厂家等，这些参数对用户使用和维修而言必不可少，安全警示标识可提醒用户，防止因误操作造成人身伤害。检查时要注意电池标识应完好无脱落现象，且信息完整、清晰。

图 5-1　动力电池标识

3. 插接器检查

动力电池通过两个插接器与外界连接，如图 5-2 所示。高压插接器是动力电池的总正、总负端子，低压插接器是动力电池的电池管理系统（BMS）与车身控制系统（VMS）连接的控制电路端子。

检查时目测动力电池高、低压插接器外观有没有被泥沙或污物覆盖，若有应给予清理，用气枪吹净灰尘。另外应检查插接器是否有变形、松脱、过热、损坏的情况。要求部件完好、清洁，与车身链接牢固、锁止可靠；线束无死弯、无破损、固定完好、连接正常。

图 5-2　动力电池插接器

拔下插接器，检查两端针脚有无锈蚀、退针、弯曲、烧蚀等异常，检查插接器内侧的橡胶密封胶垫是否完好，检查插接器中间位置是否有水迹，检查结果需要详细记录。如检查无异常，在插接器内表面喷涂 WD40，以便插接器顺利装复，保证接触良好，防止水汽进入插接器内部。

除此之外，有些车型的动力电池外部还有安全检修开关、电池冷却系统等辅助装备。这些安装在电池外部的所有部件都有密封措施，检查时注意其密封性是否完好。在拆卸、维修、保养动力电池时，对所有相关密封部件都应按照维修手册要求操作安装，保证电池良好的防尘、防水性能。

5.1.2　电池包内部 PACK 技术识别

目前常见的电动汽车动力电池类型主要有铅酸电池、磷酸铁锂电池、三元锂电池、钛酸锂电池、钴酸锂电池等。锂电池单体容量过大，容易产生高温，诱发不安全因素，因此大容量电池必须通过串、并联的方式形成电池组。

动力电池模组是由几颗到数百颗电池单体经由并联及串联所组成的多个PACK，再加上电池管理系统和热管理系统就可组成一个较完整的锂电池包系统。

动力电池的电能储存最小单元是单体，根据电动汽车的电能管理要求，多个单体进行并联或串联简单组合成电池模块，多个电池模块串联成电池模组，多个电池模组串联成电池包，电池包组成动力电池。

可见一个较完整的锂电池包系统包括单体技术、成组（pack）技术和电池管理（BMS）技术三个主要内容。

1. 电池单体的并联与串联成组识别

爱思开（SK）电池是北汽新能源EV200主要采用的动力电池之一，其型号为C33DB，电池包容量30.4kW·h，重291kg，总体积240L。动力电池模组放置在一个密封并且屏蔽的动力电池箱体里面，采用3P91S的方式组合，即3块电池单体并联后组成电池模块，91个电池模块串联组成电池模组，电池模块之间采用高压母线连接，方便、整齐、安全。通过高压线束与安装在前部的继电器盒相连，最终通往电池模组外部接口，电池模组组成动力电池总成，内部共有电池单体273块，3块电池单体并联的电池模组容量为91.5A·h，串联后电压为273~377V，额定电压为332V，总电量为332V×91.5A·h=30.4kW·h。能量密度为104W·h/kg，体积能量比127W·h/L。续驶里程达200km。SK动力电池的电池模组如图5-3所示。

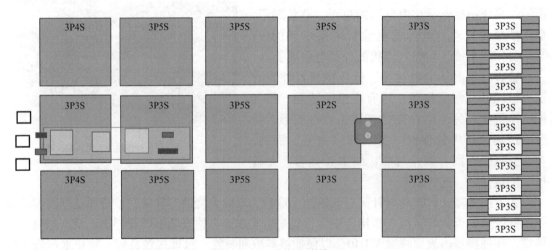

图5-3 SK动力电池模组

普莱德动力电池也是北汽新能源EV200主要采用的动力电池之一，如图5-4所示，内部共有电池单体100块，电池连接方式为1P100S，即由100个单体电池串联而成。电池单体容量为80A·h，串联后电压为250~365V，额定电压为320V，总电量为320V×80A·h=25.6kW·h，能量密度为86W·h/kg，体积能量比107W·h/L，续驶里程达200km。

2. 电池模组的正负电极连接元件与方式

动力电池内部的电池单体之间、电池模组之间的连接要求连接极柱的接触电阻小、稳固，能防止振动产生松动。一般采用焊接和机械锁紧连接的方式组合电池组。当采用焊接技

第 5 章 动力电池系统故障诊断

图 5-4 普莱德动力电池

术时,将电池单体用导电连接片并联或串联焊接。焊接连接能提高动力电池的体积能量密度以及质量能量密度,并且电池单体之间串联或并联时都可用铝连接片代替铜连接片,从而提高焊接效率、焊接强度,减少生产材料成本,减轻电池模组质量,进一步提高整车电池模组的能量密度。当采用机械锁紧连接技术时,用螺栓紧固导电连接片,将电池单体并联或串联连接。机械锁紧连接技术能增加组装的灵便性,便于后期更换或者拆卸电池单体,但也会导致紧固螺栓的组装空间较大,会影响到体积能量密度。在验证其抗振动性等性能后,确认符合标准才可投用。动力电池正负极与电池组、电池模块之间的连接一般采用机械紧固的方式,以方便维修。

因为电池单体之间、电池模组之间的连接要求较高,接触电阻要小,所以机械紧固连接螺栓或螺母时必须按照规定紧固力矩操作,防止连接螺栓松开,造成接触电阻增大,造成动力电池断电、烧毁导电连接片,甚至引起起火燃烧的事故。

动力电池总成通过两个插件与外界连接,北汽新能源 EV200 高压母线插件如图 5-5 所示。

注意:为保证作业时人身安全,务必先解锁低压插件,再解锁高压插件。

插接器解锁方法(以北汽新能源 EV200 为例)如图 5-6 所示。其高压电缆端设置三级锁止机构。

图 5-5 EV200 高压母线插件
1—电源负极 2—电源正极 中间—互锁端子

将蓝色锁销(一级)轻轻向后拉出,待锁销与底部橘黄色外壳接触即解除第一道锁。侧向按压刻有"PRESS"标识的锁扣,两侧同时均匀用力向外推出插接器灰色壳体,待蓝色锁销与灰色壳体外侧凹槽完全贴合即解除第二道锁。向上轻轻顶起插接器底部锁扣解除第三道锁,两侧轻微晃动向外拔出插接器即可。安装时以倒序进行,注意三级锁止机构依次插拔,越级强行插拔将导致插接器锁止机构失效。

比亚迪 e5 动力电池高压端接口与此略有不同,拆装高压接口时,注意锁止机构锁片的字母提示,当锁片处于 OPEN 位置才可拆装,如图 5-7 所示。

a) 拔出第一步　　　　　　　b) 拔出第二、三步

c) 插入第一步　　　　　　　d) 插入第二步

图 5-6　EV200 高压插接器解锁方法

图 5-7　比亚迪 e5 高压母线插接器

3. 电池模组在箱体上的连接固定方式

几个电池单体并联后，其正极极耳用激光焊接在一起，负极极耳也用激光焊接在一起，外部加上封框、保护板、电极螺栓，即组成一个电池模块，如图 5-8 所示。

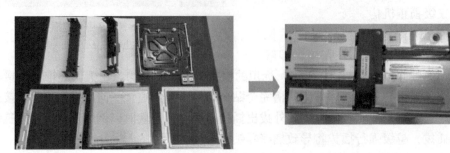

图 5-8　电池模块

几个电池单体或电池模块串联在一起，并由激光焊在一起就构成了电池模组，如图5-9所示。

多个电池模组串联后，再加上分布均匀的多个电池信息采集器（BIC）、1个电池正极接触器、1个负极接触器、采样线束、电池模组连接片、连接电缆、动力连接片、电池组固定压条和密封条等即构成动力电池包。动力电池包内部结构如图5-10所示。

动力电池箱体是动力电池的承载件，是支撑、固定、包围电池系统的组件，包含上盖和下托盘，还有辅助元器件，如过渡件、护板、螺栓等，电池包内部部件通过多个压条固定在箱体内，并良好密封，如图5-11所示。

图 5-9　电池模组

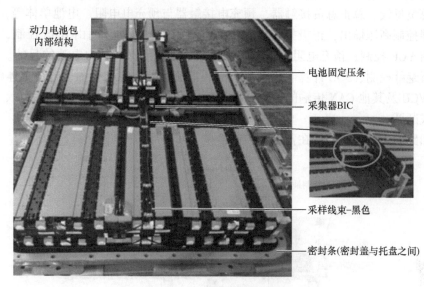

图 5-10　动力电池包内部结构

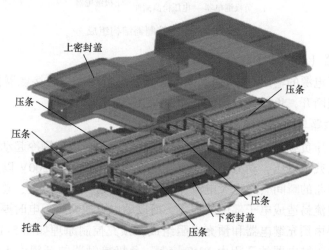

图 5-11　动力电池总成

5.1.3 高压回路检测与控制元件

为了防止电动汽车高压漏电,保护乘客、修理工等使用者不受高压电的伤害,BMS 设计有高压漏电检测电路、高压互锁电路。当检测到高压绝缘电阻低于安全值时,BMS 通过降低动力电池输出功率、切断高压电路等措施避免漏电引起的触电事故,并通过 VCU 控制仪表点亮警告灯;当 BMS 检测到高压互锁电路被断开时,判断高压电路被打开,存在乘客、修理工触电风险,因此 BMS 切断高压电路并通过 VCU 控制仪表点亮警告灯。高压检修开关也是高压保护的一个重要部件,在车辆检修时应断开高压检修开关,切断高压电路,保护修理工免受触电危险。

动力电池高压电源输出/输入需要条件才能形成回路,主要控制元件有高压输入输出接口、总正总负母线、总正总负接触器、预充电接触器与预充电电阻、电池单体等,其中总正总负接触器控制高压输出,正极接触器和预充电电阻接触器的开闭由 BMS 控制,负极接触器的开闭由 VCU 控制;预充电阻用来缓和瞬时高压,达到保护动力电池的目的。BMS 对高压回路进行绝缘检测、SOC 计算、总电压检测、电流检测、温度检测、电池单体电压监测,BMS 根据 VCU 及其他 CAN 传输的信息和检测收集信息进行汇总计算,决定总正、总负继电器的吸合或断开。

高压回路的主要控制部件在蓄电池控制器里,其内部结构如图 5-12 所示。

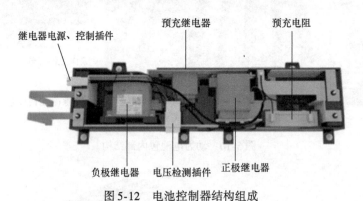

图 5-12 电池控制器结构组成

1. 母线继电器(正负母线)

动力电池高压电源的输出/输入由其内部总正、总负两个母线接触器控制,BMS 控制正极接触器的闭合或断开,负极接触器的开闭由 VCU 控制。

2. 预充电接触器与预充电电阻

电动汽车各高压负载电路中安装有容量较大的电容器,当车辆冷起动时,负载电容上无负荷或只有很低的残留电压,动力电池和负载电容间的电压差在 300V 以上,如果回路没有预充电阻,接通电路的瞬间会产生大电流,电路电流过大,导致总正、总负接触器触电烧蚀损坏,瞬间的大电流易造成电子部件的损坏,所以动力电池高压上电时要增加预充电路。

预充电路主要由预充继电器和预充电阻组成,预充控制原理如图 5-13 所示。其中正极接触器和预充电阻继电器的开闭由 BMS 控制,负极接触器的开闭由 VCU 控制。上电时,车钥匙置于 ON 档,VCU 自检无故障时吸合总负接触器,BMS 自检无故障后吸合预充继电器，预充电阻串联进入对电容器电量的预充，电容器电压达到动力蓄电池总电压的95%以上时，BMS吸合总正接触器，此时总正总负接触器都吸合，动力电池高压电源输出。预充电阻用来缓和瞬时大电流，达到保护动力电池单体和电路不受损坏。

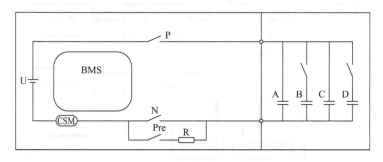

图 5-13 预充控制原理图

P—总正接触器　N—总负接触器　Pre—预充接触器　R—预充电阻
A—电机控制器　B—车载充电机　C—空调压缩机　D—DC/DC

预充继电器与电阻外形与位置如图 5-14 所示。"预充流程"在放电和充电初期，闭合预充继电器进行预充电，预充完成后断开预充继电器。整车预充控制如下：

1）BMS 控制预充接触器闭合或断开。
2）电模式初期用高电压、小电流给各控制器电容充电。
3）电容两端电压接近电池总电压时（差值小于 5V），认为预充结束，闭合总正极继电器。
4）充电模式初期，给各电池单体进行预充电，确定电池单体无短路后闭合总正极继电器。

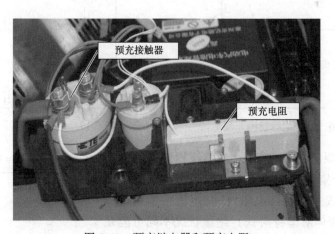

图 5-14 预充继电器和预充电阻

3. 母线绝缘监测

电动汽车高压系统部件框图如图 5-15 所示。为解决电动汽车所面临的高压电路绝缘安全问题，确保电动汽车的高压电用电安全，我国相关行业标准已对电动汽车的高压电回路设计和检测提出了明确的要求，并给出较为详细的实验检测规程。

北汽新能源 EV200 采用的普莱德动力电池内部有高压绝缘盒，而 SK 动力电池 BMS 内

图 5-15 电动汽车高压系统部件框图

部集成绝缘检测电路。在电动汽车的高压电气系统中,利用电源的正极引线电缆和负极引线电缆对底盘的绝缘电阻来反映电气系统的绝缘性能。

电气绝缘检测原理:

为检测上述绝缘电阻,直接将车载高压电源作为检测电源,在电源正极、负极和车辆底盘之间建立桥式阻抗网络,见图 5-16 ~ 图 5-18。绝缘检测电路中 A 点与电源正极相连,B 点与电源负极相连,O 点与车辆底盘相连。

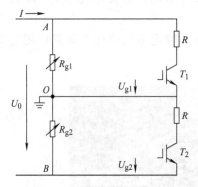

图 5-16 电气绝缘检测原理 1

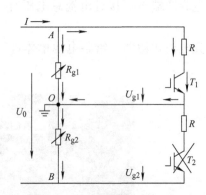

图 5-17 电气绝缘检测原理 2

U_0 为高压电源的输出电压,I 为绝缘检测电路内部电流。R_{g1}、R_{g2} 分别为高压正、负极引线对底盘的绝缘电阻(可以想象成一个实体电阻),其阻值根据正负母线对地(电池包壳体对车身搭铁)绝缘状况不同可能是变化的;母线对车身地绝缘良好,R_g 阻值无穷大,母线绝缘层损坏,R_g 阻值会变小。限流电阻 R 有两个,阻值非常大,有的电动汽车 $R = 20\mathrm{k}\Omega$。

T_1、T_2 为电子控制开关管,由高压盒内部控制器通过控制其导通与关断,改变点 A 和点 B 之间的等效电阻和电源的输出电流 I。

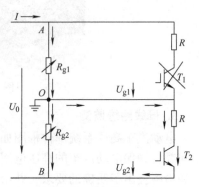

图 5-18 电气绝缘检测原理 3

根据 U_0、I 和等效电阻之间的关系，可以计算出 R_{g1} 和 R_{g2}。相对电压 U_0 而言，开关管 T_1 和 T_2 的导通电压很小，可以忽略不计。

在电动汽车运行过程中，电压 U_0 随着电量变化而变化，其数值要和电流 I 同时采集。

当 T_1 导通、T_2 关断时，桥式阻抗网络的等效形式为 R_{g1} 与 R 并联后与 R_{g2} 串联，这时，电源电压为 U_{01}、电流为 I_1：

$$U_{01} = I_1(R_{g2} + R_{g1}R/(R_{g1} + R)) \tag{5-1}$$

当 T_2 导通、T_1 关断时，桥式阻抗网络的等效形式为 R_{g2} 与 R 并联后与 R_{g1} 串联，这时，电源电压为 U_{02}、电流为 I_2：

$$U_{02} = I_2(R_{g1} + R_{g2}R/(R_{g2} + R)) \tag{5-2}$$

当高压电源正、负极引线对底盘绝缘性能较好，满足 $R_{g1} > 10R$、$R_{g2} > 10R$ 时，可以做以下近似处理：

$$R_{g1}R/(R_{g1} + R) \approx R \tag{5-3}$$

$$R_{g2}R/(R_{g2} + R) \approx R \tag{5-4}$$

由式(5-1)～式(5-4)得到：

$$R_{g1} = U_{02}/I_2 - R \tag{5-5}$$

$$R_{g2} = U_{01}/I_1 - R \tag{5-6}$$

如果 T_1 和 T_2 同时关断时，电流 $I > 2\text{mA}$，说明绝缘电阻 $R_{g1} + R_{g2} < 250\text{k}\Omega$，电源的正、负极引线电缆对底盘的绝缘性能都不好，检测系统不再单独检测 R_{g1} 和 R_{g2}，立即发出报警信号。

北汽新能源 EV200 动力电池绝缘检测回路原理如图 5-19 所示。

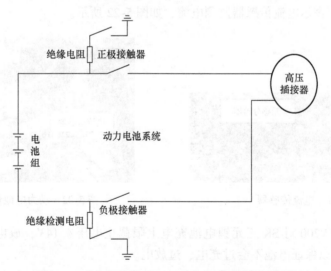

图 5-19 北汽新能源 EV200 动力电池绝缘检测回路

动力电池系统的绝缘值分为两个：正极与外壳的绝缘值、负极与外壳的绝缘值。

测量方法为：在接触器断开条件下，采用绝缘电阻表测量正极对地绝缘阻值及负极对地绝缘阻值，如图 5-20 所示。

判定标准：正极对地绝缘阻值及负极对地绝缘阻值均大于等于 40MΩ 为合格，小于 40MΩ 为不合格。

图 5-20　绝缘检测

4. 母线电流传感器

动力电池过电流保护也被称过电流保护，指在充、放电过程中，如果工作电流过大，超过了安全值，BMS 采取相应的保护措施。充电时，通常发指令给充电机或充电桩降低充电电流，甚至切断动力电池充电电路，保护电路、电池的安全；放电时，通常发指令给电机控制器限制输出电流，甚至切断动力电池充电、放电电路，以保护电路、电池的安全。

"电流传感器"用来监测母线充、放电电流的大小，类型为无感分流器，在电阻的两端形成毫伏级的电压信号，作为监测总电流。北汽新能源 EV200 的电流传感器（图 5-21）型号为 300A75mV。

也有车型采用霍尔电流传感器监测电流，如图 5-22 所示。

图 5-21　电流传感器

图 5-22　动力电池母线电流监测

北汽新能源 EV200 对 SK 三元锂电池充电上限截止电压 4.14V，放电截止电压 3.50V，留出 0.5V 余量可以保证电池不会过充电、过放电。

5. 电池单体电压检测方式与线束

为了对动力电池进行监测和管理，需要获得内部所有电池单体电压，所以 BMS 对每一块电池单体正负两端各安装一根监测电压的导线，图 5-23 所示是 BMS 对电池单体的电压采集线路。电池单体属于高压电路，而监测电池单体的电压属于低压电路，为了防止电池单体的高压串联到低压电路，BMS 内部需要采用隔离措施，隔离开电池单体的高压电路，保障电路安全。

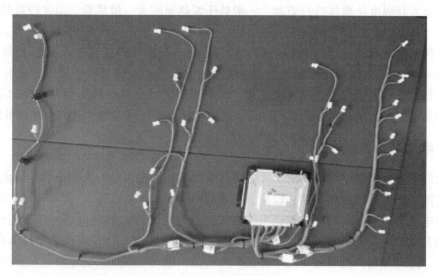

图 5-23 电压采集线路

电池单体电压采集导线直接连接到 BMS 电池单体电压采集模块，如图 5-24 所示。BMS 内部经过高压隔离和模数转换，把电池单体电压转换成数字信号，BMS 芯片对每一块电池单体的实时电压进行监控并进行 SOC 的计算，并做出电池单体电压是否正常的判断，如电池单体电压偏差过大给出报警。充放电时，BMS 采集的电池单体电压信号是判断充电完成和放电是否结束的依据。在采集电池单体电压时一般采取贯序采集，而不是采用并行同步采集。

图 5-24 BMS 采集模块

5.1.4 电池温度检测方式与线束

工作时的温度是影响电池单体能否正常充放电的重要因素，过低的温度导致电池单体无法正常放电，过高的温度造成电池单体内部短路导致冒烟或起火。所以动力电池管理系统中，需要对电池单体本身进行温度监测，同时对电池单体工作的环境温度进行监测，这对于动力电池 SOC 的计算和电池单体安全保护具有非常重要的意义。

对动力电池内部温度的监测一般采用热敏电阻制成的温度传感器来采集温度，对每一块电池单体监测温度是困难的，会导致成本升高和系统线路过多，所以常常在动力电池内部各个主要位置安装温度传感器进行监测，一般处于发热量较大、散热慢、温度较高的位置，比如在电池单体集中的位置中间。

温度传感器的电路直接与 BMS 连接，温度数据进行模数转换后进入 BMS 芯片。监测到温度过高（超过 55℃）时会切断动力蓄电池的电力输出，并通过仪表报警，此时无法对动力电池进行充放电的操作，直至温度正常。监测到温度过低时会切断动力电池的电力输出，并启动加热电路，为电池单体加热至 5℃ 以上，才可以进行充放电，并关闭加热电路。

5.1.5　电池加热方式

因为动力电池内部电池单体对工作温度非常敏感，温度过低时影响电量的输出，所以在动力蓄电池底部设计了加热电路，以便于冬季起动电动汽车。

动力电池加热一般采用电热丝通电的方式，充电时闭合加热继电器，接通加热电热丝，用从车载充电机或快充桩来的电流进行加热，加热至 5℃ 时，BMS 接通总正总负高压电路，对电池单体进行充电。充电时电池单体能产生热量，此时切断加热继电器也能保持正常的温度。所以在低温天气时，电动汽车耗费的电量会比气温高的时候增多。

因为电池单体温度过低无法输出电量，动力电池关闭高压电源的输出，无法起动车辆，所以冬季应该在温暖的车库为电动汽车充电，在动力电池温度正常时驾驶汽车才能保证电动汽车正常工作。

1. 加热垫

在动力电池底部铺设有加热垫，其内部的发热材料是加热丝，外部采用毡毯包裹，既保证电热丝的绝缘，也保护电热丝不被压断或损坏。

2. 加热继电控制

动力电池内部加热继电器在充电前检测箱体内部温度，保障电池单体的温度范围在 0 ~ 55℃ 之间（慢充）或 5 ~ 55℃ 之间（快充），才可以充电。加热继电器与熔丝如图 5-25 所示。

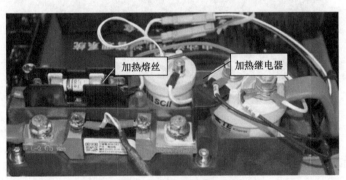

图 5-25　加热继电器与熔丝

3. 风冷系统

电池箱内不同电池模块之间的温度差异，会加剧电池内阻和容量的不一致性，如果长时间积累，会造成部分电池过充电或者过放电，进而影响电池的寿命与性能，造成安全隐患。电池箱内电池模块的温度差异与电池组布置有很大关系，一般情况下，中间位置的电池容易积累热量，边缘的电池散热条件要好些。所以在进行电池组结构布置和散热设计时，要尽量保证电池组散热的均匀性。以风冷散热为例,通风方式一般有串行和并行两种,如图5-26所示。

串行通风方式下,冷空气从左侧吹入从右侧吹出。空气在流动过程中不断地被加热,所以右侧的冷却效果比左侧要差,电池箱内电池组温度从左到右依次升高。

并行通风方式使得空气流量在电池模块间更均匀地分布。并行通风方式需要对进排气通道和电池布置位置进行很好的设计,其楔形的进排气通道使得不同模块间缝隙上下的压力差基本保持一致,确保了吹过不同电池模块的空气流量的一致性,从而保证了电池组温度场分布的一致性。

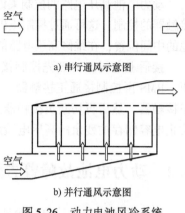

图 5-26 动力电池风冷系统

5.1.6 电池管理系统结构原理

1. 高压回路绝缘管理

绝缘性能检测是保障用电安全的重要措施,绝缘监测电路通过绝缘监测电阻组成的电桥通过 BMS 时刻监测高压电路的绝缘状况,如果绝缘阻值下降,BMS 切断总正和总负接触器,防止产生漏电意外,同时通过仪表报警。

2. 高压母线继电器控制

动力电池高压系统工作原理如图 5-27 所示。

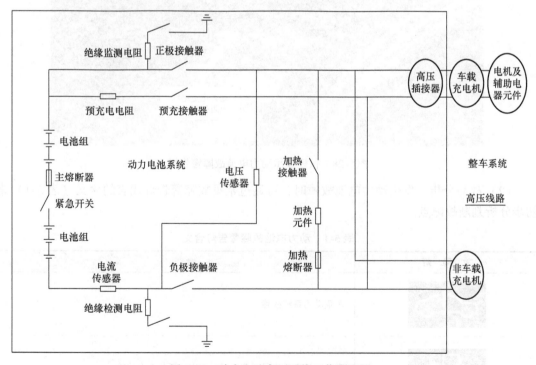

图 5-27 动力电池高压系统工作原理图

动力电池高压电路的控制关键在于接通或切断高压电路输出,也就是对总正接触器、总负接触器的控制,这可通过控制正极接触器和负极接触器的通断来实现。维修开关安装在动力电池的中间位置,在维修高压电路前,先断开维修开关,切断高压电路,保障维修人员的安全。

接通上电时,BMS 先控制接通负接触器,再接通预充接触器,等预充后电压接近总电压,BMS 再控制接通正接触器,这个过程往往需要几秒钟时间。下电时,BMS 先控制切断正接触器,然后再切断负接触器。下电后,电机控制器通过电机线圈对高压电路释放电量,防止电容储存的残余的高压电造成触电事故。

5.2 动力电池故障警告灯点亮的诊断与排除

(1)故障现象 动力电池是电动汽车最重要的部件之一。动力电池产生故障时通过点亮故障警告灯(图 5-28)的方式警告驾驶人,如果警告灯点亮会导致车辆无法点亮 READY 灯,车辆也无法行驶。需要与售后服务人员联系进行抢修或拖车。

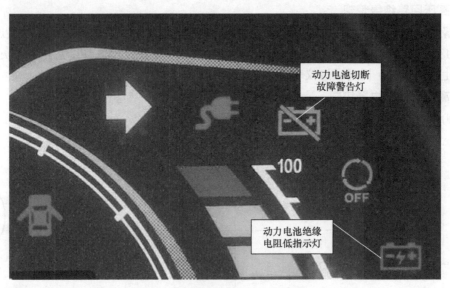

图 5-28 仪表显示动力电池故障警告灯

(2)故障分析 发生动力电池故障时,可通过常见故障警告灯代表的含义(表 5-1)来初步分析判断故障点。

表 5-1 动力电池故障警告灯含义

故障灯	含义
	车辆动力系统故障
	动力电池电量不足(需要及时充电,不代表有故障)

(续)

故障灯	含 义
	动力电池切断
	动力电池故障
	动力电池绝缘电阻低
	动力电池过热

（3）故障排除　根据故障灯含义，得知上述故障属于动力电池内部故障，通过诊断仪进入动力电池系统，读取故障码，根据故障码按照维修手册和电路图进行故障排除。

因为涉及动力电池内部高压电路，故障排除前必须进行维修场地的隔离，维修人员和监护人员穿戴绝缘手套和绝缘鞋，防止故障排除操作中产生触电事故。根据高压电安全操作规程操作。

动力电池一般有以下故障：
① 动力电池外部防护出现渗水，绝缘电阻降低。
② 内部电池单体电压偏差过大。
③ 内部总正、总负接触器、预充电继电器和预充电电阻损坏。
④ 内部高压连接端子接触不良，接触电阻大，内部温度升高。

5.3　电动汽车无法上电故障的诊断与排除

电动汽车的上电过程是个自我诊断的过程，VCU 诊断车辆无影响行车安全的故障后，满足上电条件，点亮 READY 灯，完成上电过程。

1）车钥匙置于 OFF 档位，低压辅助蓄电池 12V 常电对各个控制器维持供电。

2）车钥匙置于 ON 档，低压辅助蓄电池 12V 电压的 15 号线对整车控制器 VCU、电机控制器 MCU，动力蓄电池控制器 BMS，DC/DC 变换器、空调控制器等供电，各个控制器唤醒、初始化、自检，没有故障分别上报 VCU。

3）VCU 闭合动力电池负极接触器，动力电池管理系统（BMS）对高压回路绝缘监测，对各个电池单体电压、最高电压、最低电压、温度进行监测并计算，对动力电池 SOC 值计算，符合上电条件后闭合预充继电器。

4)动力电池通过预充继电器和预充电阻对车辆负载端的电容充电,BMS 检测到预充电压达到 95% 以上的动力电池总电压时,闭合总正接触器。

5)总正接触器闭合约 10ms 后,断开预充继电器。

6)此时 VCU 通过原车 CAN 线点亮 READY 灯,完成上电过程。

5.3.1 低压电池故障的诊断与排除

电动汽车的动力系统采用高压电,为了降低高压电潜在的风险,同时也为满足电路控制的需要,整车控制系统采用低电压电源(采用 12V 供电),与传统燃油汽车一样,为了在起动开关关闭时的用电需要和电动汽车起动用电的需要,电动汽车配备有 12V 的低压辅助蓄电池。正常时该辅助蓄电池保持 12V 电压,能保证车辆各部件正常工作所需电量,电动汽车起动后,车辆 DC/DC 变换器能为辅助蓄电池补充电能,所以低压辅助蓄电池始终维持车辆控制系统正常工作。

低压辅助蓄电池一般是为铅酸蓄电池或锂离子电池,其本身的容量大约为 40~60A·h。如果使用者在电动汽车起动开关关闭状态下没有关闭低压电器,会导致低压辅助蓄电池电量减少,电压迅速下降,会导致电压不足,造成无法点亮 READY 灯,无法起动电动汽车。当然车辆起动后 DC/DC 变换器不能正常工作也会导致低压辅助蓄电池持续放电,电压快速下降,引起电动汽车行驶途中关闭控制系统,导致汽车行驶途中失去动力。低压辅助蓄电池本身老化或故障也会导致电动车辆汽车无法起动的故障。

(1)故障现象 低压辅助蓄电池的故障主要是低压辅助蓄电池电压偏低(甚至电压是 0V)的故障,故障症状有以下几种:

1)电动汽车起动时无法点亮 READY 灯,无法正常起动。

2)电动汽车行驶途中仪表显示低压辅助蓄电池故障灯点亮,继续驾驶汽车,仪表灯慢慢变暗,最终行驶途中汽车失去动力。

(2)故障分析 低压辅助蓄电池电路主要是由低压辅助蓄电池、DC/DC 变换器和充电电路组成,如图 5-29 所示。

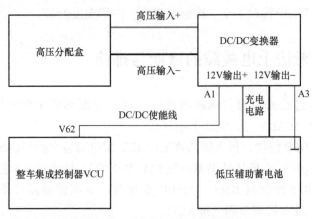

图 5-29 低压辅助蓄电池电路

1)电动汽车低压辅助蓄电池一般采用动力电池,不是起动电池,大部分采用的是 6 块铅酸蓄电池串联组成一组 12V 的电池组,也有采用 4 块磷酸铁锂电池串联组成一组 12V 的电池组。若低压辅助蓄电池具有良好的充放电功能就可判断其性能是良好的。在实际检测时,可以采取充放电性能测试,充放电量达到标称的 80% 以上就可以判断该电池组是正常的,日常采用蓄电池测试仪测量其交流内阻的方法来判断其性能优劣。

2) DC/DC 变换器和充电电路是将电动汽车上的动力电池的高压直流电转换成低压直流电,该低压直流电通向低压辅助蓄电池,给整车提供低压辅助电压并给低压辅助蓄电池充电。

判断 DC/DC 变换器性能好坏比较方便,在起动电动汽车时,维修人员测量一下低压辅助蓄电池两端的直流电压,正常值在 13.8～14.5V 之间,如果高于该值表示 DC/DC 变换器有故障;如果低于该值表示 DC/DC 变换器有故障或充电电路有故障,此时测量 DC/DC 变换器输出端子电压是否正常,如果电压正常,那么故障在充电导线断路或接触不良,如果电压仍然偏低,表示 DC/DC 变换器故障或 DC/DC 变换器供电高压电路故障或 DC/DC 变换器控制电路故障。

通过查找维修手册,按照维修手册和工作电路图比较容易判读故障点。

(3) 故障排除　通过检测低压辅助蓄电池的性能,比较容易判断低压蓄电池是否存在故障,如果性能不良,那么更换该低压蓄电池就能排除故障。

充电电路故障中,通过测量低压辅助电源电压的办法来找出故障,流程如图 5-30 所示。

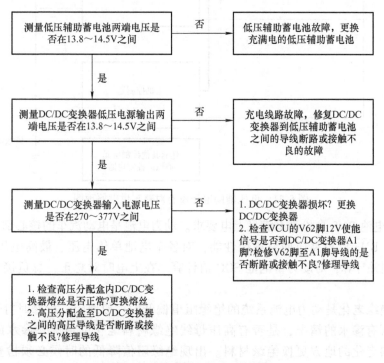

图 5-30　低压电池故障诊断流程

5.3.2　控制电路故障的诊断与排除

除了低压辅助蓄电池故障导致无法上电,复杂的控制电路也会造成无法上电的故障。控制系统中分四类故障:低压辅助电压没有对整车供电,动力电池 BMS 自检没有满足上电要求,高压互锁故障,预充电路故障。为了使用的安全,电动汽车在充电过程是无法上电的,在使用车辆时务必清楚。

(1) 故障现象 打开车钥匙置于 ON 档,仪表没有显示 READY 灯,无法驱动车辆。

(2) 控制电路检测 通过对上电条件的分析可知,应对上述四种可能存在故障的电路进行检测和分析。

1) 低压辅助电压没有对整车供电。因为上电时所需要的低压辅助电源从低压辅助蓄电池这里得到,从整车电路图可知,常电部分低压辅助蓄电池通过熔丝给各个控制电路提供电能,车钥匙置于 ON 档时给各控制电路提供 ING1、ING2 电源,各控制单元还需要有搭铁线构成闭合回路,所以按照图 5-31 进行分析和检测存在的电源故障。

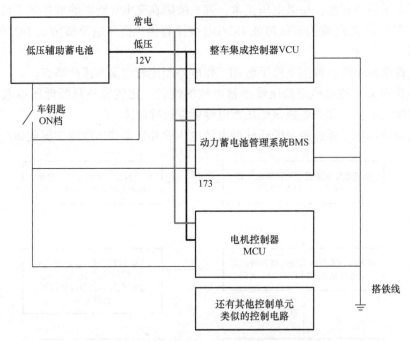

图 5-31 低压辅助电压没有对整车供电原理图

2) 动力电池 BMS 自检没有满足上电要求。动力电池是电动汽车的核心部件,内部有管理系统 BMS,BMS 监控高压回路绝缘性能,对各个电池单体电压、最高电压、最低电压、温度进行监测并计算,对动力蓄电池 SOC 值计算,在上电时对总正、总负接触器进行触点粘连检测。

渗水或绝缘老化是动力电池系统的绝缘阻值偏低的一般原因,检修时打开动力电池上盖,检查是否有渗水的情况,是否有高压母线绝缘材料老化的情况,渗水的地方予以烘干,绝缘材料老化的地方更换绝缘材料。出现绝缘阻值降低的时候必须检查动力电池的外观是否有损伤、裂纹、凹陷,如有异常必须修复并做好防漏处理,对于外观没有任何损伤的绝缘阻值降低的动力电池,安装动力电池上盖时要仔细打密封胶,防止存在渗水的可能性。

BMS 监控动力电池内部每个电池单体电压:对各个电池单体电压巡检采集、计算与处理;找出最高电压电池单体、最低电压电池单体;计算电池单体电压最高值与电池单体电压最低值的差值,差值达 0.03V 时 BMS 报警,如果电压差值超过 0.05V,BMS 报警并关闭总正、总负接触器,切断高压电源。充电时有一块电池单体电压达到充电截止电压,BMS 立即停止充电;放电时有一块电池单体电压降到放点截止电压,立即停止放电。所以电池单体电压值偏差较大时,动力电池的充电量就会减少,电池容量会大幅度下降,显著降低续驶里程。电压差超过限值导致无法点亮 READY 灯,电动汽车无法上电。

BMS 还监控动力电池内部的温度,保障电池单体安全工作。锂离子电池的工作温度范围在 5~55℃之间,超出这个温度范围,BMS 切断动力电池的总正、总负接触器,动力电池无法进行充电和放电。所以在寒冷的冬季和炎热的夏季,在恶劣的环境温度下,会导致无法点亮 READY 灯,车辆无法上电。此时将车辆停放在温度较为合适的车库即解决此类问题。

BMS 计算动力蓄电池储存的剩余电量(SOC 值),如果 SOC 值下降到了极限(接近 0%)时,BMS 关闭动力电池的高压电源,此时无法点亮 READY 灯,导致无法上电,此时只需对电动汽车充电就能解决存在的问题。

3)高压互锁故障。在互锁电路故障时,电动汽车无法点亮 READY 灯,无法上电。北汽新能源 EV200 在整车高压部件处均设有高压互锁,具体如图 5-32 所示。

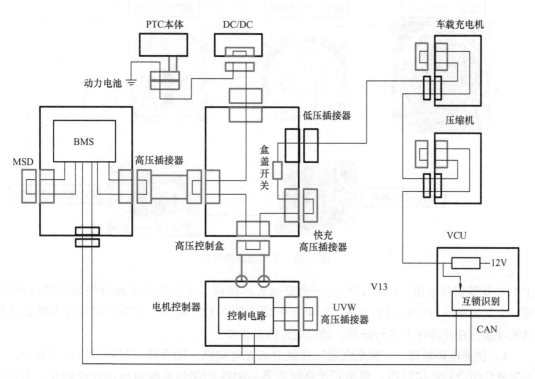

图 5-32　北汽新能源 EV200 高压互锁图

互锁电路的作用是检测高压线束连接情况。当某个高压插件未插到位,高压互锁电路断路并切断高压电源。互锁电路连接图如图 5-33 所示。

维修高压互锁电路时,需要检查每一个高压电缆的接通是否安装到位,只有高压电缆安装均无异常时才可进行高压互锁电路的测量和排除。

依互锁电路导线的走向进行互锁电路的测量诊断,高压互锁电路是从 VCU 的 V13 脚输

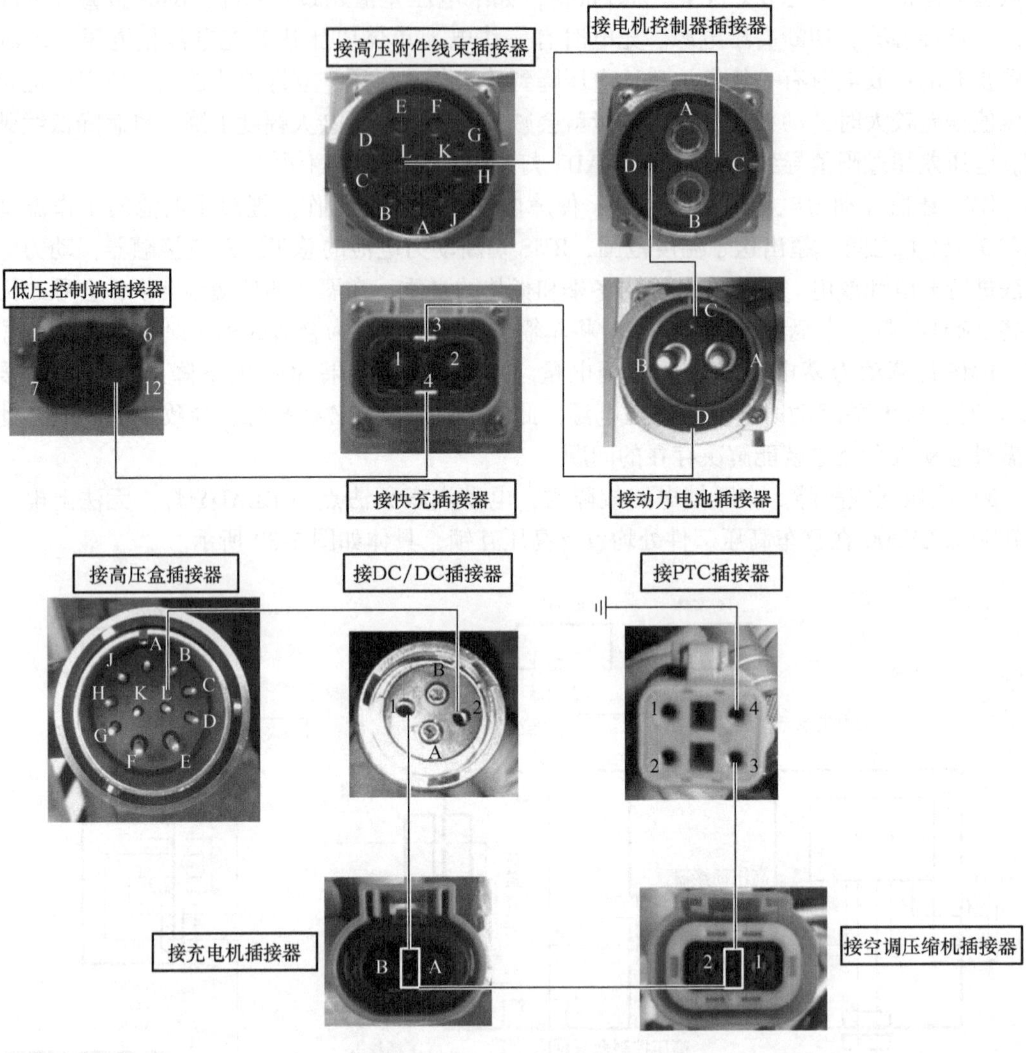

图 5-33 互锁电路连接图

出 12V 互锁信号电压,断开 PTC 高压电路插头连接线,依照互锁电路导线走向进行测量,每一个互锁端子均应有 12V 电压,如果某个端子没有 12V 电压,说明该部件存在断路或短路的可能,在此部件上进行修复,动力电池恢复正常。

4)预充电路故障。"预充流程"在放电和充电初期,闭合预充接触器进行预充电,预充完成后闭合总负接触器,再断开预充继电器。BMS 控制预充继电器闭合或断开。上电模式初期用高电压、小电流给各控制器电容器充电。预充电路有问题,意味着总负接触器不能闭合,即整车不能上电。

动力蓄电池控制继电器盒的控制原理见图 5-34。总负接触器和预充继电器并联,控制插头有 6 个有效针脚,负责三个继电器的低压供电控制,检测插头有 4 个有效针脚,负责三个继电器工作状态的信息采集。

高压上电控制流程如图 5-35 所示。

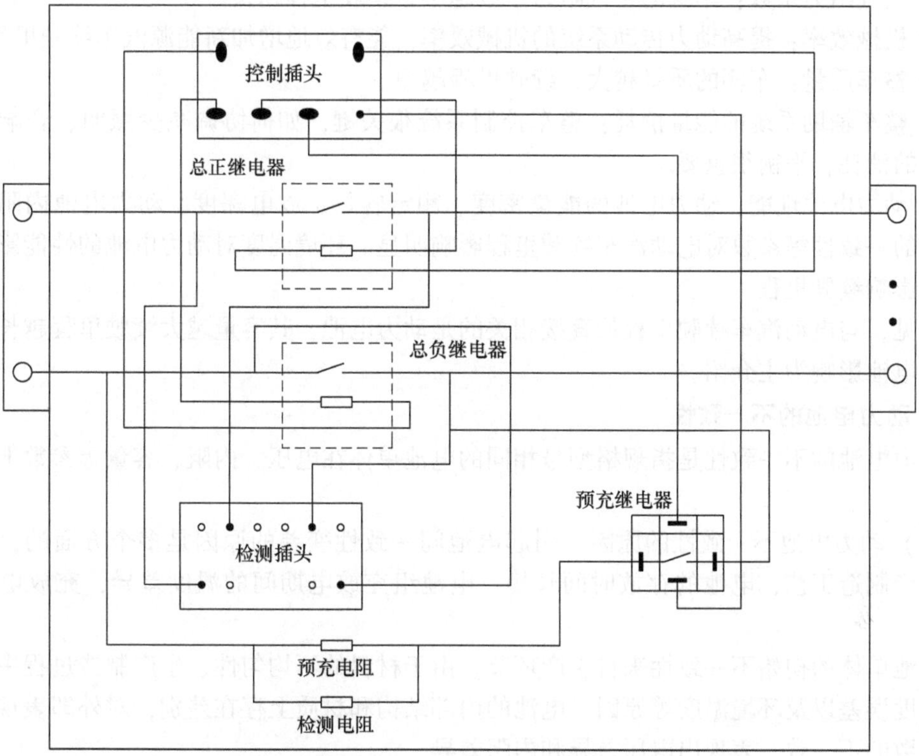

图 5-34 北汽新能源 EV200 动力蓄电池控制继电器盒的控制原理

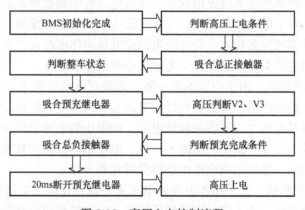

图 5-35 高压上电控制流程

5.4 电动汽车续驶里程短故障的诊断与排除

5.4.1 电动汽车续驶里程影响因素

电动汽车续驶里程的影响因素有很多，如：
① 滚动阻力系数：车辆轮胎的滚动阻力系数越小，则续驶里程越长。

② 空气阻力系数：车身的空气阻力系数越小，续驶里程越长。

③ 机械效率：提高动力传动系统的机械效率，能有效地增加新能源汽车续驶里程。

④ 整车质量：车辆的质量越大，续驶里程越短。

⑤ 整车辅助系统的能量消耗：整车控制系统很关键，如何协调减少照明、音响和空调等电能的消耗，平衡很重要。

⑥ 动力电池性能：动力电池的能量密度、额定容量、放电深度、动力电池内阻、动力电池组的一致性等参数对电动汽车续驶里程影响明显。环境温度对动力电池的性能影响，也会最终影响续驶里程。

可见，与电动汽车续驶里程最直接相关的是动力电池，其容量越大续驶里程越长。以下以动力电池影响为主介绍。

1. 动力电池的不一致性

动力电池的不一致性是指规格型号相同的电池单体在电压、内阻、容量等参数上存在的差别。

（1）动力电池不一致性的原因　引起电池间一致性变差的原因是多个方面的，包括电池的生产制造工艺，电池的存放时间长短，电池组充放电期间的温度差异，充放电电流大小等。

电池单体的初始不一致性来自生产环节。由于材料的不均匀性、生产制造过程中的技术工艺精度误差以及环境温度等原因，电池的内部结构和材质上存在差别，对外即表现为初始性能参数的不一致，表现出电压差异和内阻差异。

（2）动力电池不一致性的影响　由于电池单体容量、内阻存在差异，因此容量小的电池单体在充电过程中过早地进入过充电状态，在放电过程中则过早地进入过放电状态。随着连续的充放电循环，对于电池单体而言，每次过充电、过放电程度更甚于电池单体的独立使用，而当一个电池单体特性恶化时，会导致电池组其他单体电池发生多米诺骨牌效应的连锁反应，从而使电池组过早失效，这是影响电池组寿命的重要因素。

1）内阻不一致的影响。由于内阻的不一致，在串联电池组放电过程中，内阻大的电池电能耗更高，产生大量的热量，局部温度持续升高会导致电池变形甚至爆炸的严重后果。内阻大的电池单体不容易充满电，不容易释放电能，内阻小的电池单体容易过充电和过放电。

并联电池组充放电过程中由于内阻的不一致，电池单体分配的充放电电流不同，相应的充放电容量有的不相同，进而影响电池组的能量特性和寿命。

2）电压不一致的影响。由于单体电池的电压不一致，在串联电池组中，会发生电池间的互充电，造成能量损耗，达不到预期的能量输出。电池的充放电都受终止电压限制，在串联电池组中，由于电压不一致，充电过程中，电压大的单体电池提前达到充电终止电压，为了避免过充电，整个电池组充电终止，充电性能下降。同样，放电过程中，电压小的电池单体提前达到放电终止电压，使用中的电池组的放电性能因而受到影响。

3）容量不一致的影响。同一规格的电池有相同的最佳放电率，由于容量的不一致，不同电池的最佳放电电流就不同，放电深度也不同，而充电过程中，容量小的电池将提前充满电，为使电池组中其他电池充满电，小容量的必将过充电，充电后期充电电压偏高，甚至超出电池电压最高限，形成安全隐患，影响整个电池组的充电过程。

（3）动力电池不一致性的改进措施　根据动力电池应用经验和试验研究，从电池使用

和成组筛选等方面可以采用下述几种措施,以避免电池不一致的进一步扩大,保证电池组寿命逐步趋于单电池的使用寿命:

1)电池制造厂提高工艺水平,保证电池单体出厂质量,尤其是初始电压的一致性,同一批次电池单体出厂前,以电压、内阻及电池化成数据为标准进行参数相关性分析,筛选相关性良好的电池单体,以此来保证同批电池单体性能尽可能一致。

2)在动力电池成组时,务必保证电池组中采用同一类型、同一规格、同一型号的电池。

3)在电池组使用过程中检测电池单体参数,尤其是动态和静态情况下(电动汽车停驶或行驶过程中)电压分布情况,掌握电池组中电池单体不一致性的发展规律,对极端参数电池进行及时调整或更换,以保证电池组参数的不一致性不随使用时间而增大。

4)对测量中容量偏低的电池进行单独维护性充电,使其性能恢复。

5)间隔一定时间对电池组进行小电流维护性充电,促进电池组自身的均衡和性能恢复。

6)避免电池过充电,尽量防止电池深放电。

7)保证电池组良好的使用环境,尽量保证恒温,减小振动,避免水、尘土等污染电池极柱。

8)研制开发实用的电池组能量管理和均衡系统,对电池组的充放电进行智能管理。

2. 电池单体的失效模式

动力电池系统失效模式可以分为三种层级,即电池单体失效模式、电池管理系统失效模式、Pack系统集成失效模式。下面主要介绍电池单体失效模式。

电池单体的失效模式分为安全性失效模式和非安全性失效模式。

(1)电池单体安全性失效

1)电池单体内部正负极短路。电池内短路是由电池单体内部引起的,引起电池内短路的原因有很多,可能是由于电池单体生产过程中缺陷导致或是因为长期振动外力导致电池单体变形所致。一旦发生严重内短路,无法阻止控制,外部熔丝不起作用,肯定会发生冒烟或燃烧。

如果遭遇到该情况,应第一时间通知车上人员逃生。对于电池内部短路问题,目前为止电池厂家没有办法在出厂时100%将有可能发生内短路的电池单体筛选出来,只能在后期充分做好检测以降低发生内短路的概率。

2)电池单体漏液。这是非常危险的,也是常见的失效模式。电动汽车着火的事故很多都是因为电池漏液造成的。电池漏液的原因有外力损伤(碰撞、安装不规范造成密封结构被破坏)和制造原因(焊接缺陷、封合胶量不足造成密封性能不好等)。

电池漏液后整个电池包的绝缘失效,单点绝缘失效问题不大,如果有两点或两点以上绝缘失效则会发生外短路。从实际应用情况来看,软包和塑壳电池单体相比金属壳单体更容易发生漏液情况导致绝缘失效。

3)电池负极析锂。电池使用不当,过充电、低温充电、大电流充电都会导致电池负极析锂。国内大部分厂家生产的磷酸铁锂或三元锂电池在0℃以下充电都会发生析锂,0℃以上根据电池单体特性只能小电流充电。发生负极析锂后,锂金属不可还原,导致电池容量不可逆衰减。析锂达到一定严重程度,形成锂枝晶,刺穿隔膜发生内短路。因此动力电池在使用时应该严禁低温下进行充电。

4）电池单体胀气鼓胀。产生胀气的原因很多，主要是因为电池内部发生副反应产生气体，最为典型的是与水发生副反应。胀气问题通过在电池单体生产过程严格控制水分可以避免。一旦发生电池胀气就会发生漏液等情况。

以上几种失效模式容易产生非常严重的安全问题，可能会造成人员伤亡。即使一个电池单体使用一两年没有问题，并不代表这个电池单体以后没有问题，使用越久的电池失效的风险越大。

(2) 电池单体的非安全性失效

1）容量一致性差。导致电池容量不一致性的原因有很多，目前解决电池不一致性的方法主要是提高电池的生产制造工艺控制水平，从生产关尽可能保证电池的一致性，使用同一批次电池进行配组。这种方法有一定效果，但无法根治，电池组使用一段时间后一致性差的问题还会出现，电池组发生不一致性问题后，如果不能及时处理，问题会愈加严重，甚至会发生危险。

2）自放电过大。电池制造时杂质造成的微短路所引起的不可逆反应是造成个别电池自放电偏大的最主要原因。由于电池单体在长时间的充放电及搁置过程中，随环境条件发生化学反应，引起电池自放电现象，使电池单体容量降低，性能低下，不能满足使用需求。

3）低温放电容量减少。随着温度的降低，电解液低温性能不好，参与反应不够，电解液电导率降低而导致电池电阻增大，容量降低。目前各厂家电池 -20℃ 下的放电容量基本在额定容量的 70%~75%。低温下电池放电容量减少，且放电性能差，影响电动汽车的使用性能和续驶里程。

4）电池单体容量衰减。电池单体容量衰减主要来自于活性锂离子的损失以及电极活性材料的损失。正极活性材料层状结构规整度下降，负极活性材料上沉积钝化膜，石墨化程度降低，隔膜孔隙率下降，导致电池电荷传递阻抗增大，脱嵌锂能力下降，从而导致容量的损失。

5.4.2 故障诊断与排除

1. 故障现象

电动汽车无故障灯报警，能点亮 READY 灯和上路行驶，但续驶里程明显比以前少，感觉电量下降很快。

2. 电池组数据的读取与分析

根据该故障现象要考虑是动力电池电池单体电压不均衡，电池单体电压差较大，虽然没有显示故障灯报警，但已经明显影响充放电电量，明显减少续驶里程。

先采用北汽新能源专用解码仪 VDI 读取动力电池故障码和电池单体电压值，找出存在问题的电池单体。

解码仪诊断接口连接到车身诊断座，车钥匙置于 ON 档，打开解码仪，进入北汽新能源界面，选择车型 EV200。选择进入动力电池 BMS，读取有无故障码。再进入读取电池单体电压，查找出电压有明显偏差的几组电池单体，记录位置号。根据读取的电池单体电压偏差分析存在的故障点，确定电压明显偏高或偏低的电池单体，并记录。

3. 电池组性能测试

1) 因为涉及高压电路,操作人员必须符合电工上岗操作规定,修理人员必须考取低压电工上岗证,持证上岗。

按照高压电修理规定,高压电维修时采取一人操作一人监护的原则,带蓝色帽子的是主操作工,红色帽子的是监护人,明确两人工作职责。

两人穿戴合格的安全防护用具:绝缘帽、防护眼罩、绝缘手套、工作服、绝缘鞋等。拆装工具必须使用绝缘工具。测量设备必须有绝缘外壳,防止金属掉落在蓄电池电池单体组里面导致电池单体短路或电路短路。

2) 考虑电池单体电压值偏差较大,根据维修要求需要拆检动力蓄电池。

安排工位、安排维修人员拆卸动力电池。卸下动力蓄电池后,清洁外壳,检查外观有无损伤。

打开动力电池上盖,检查内部电池单体、母线和 BMS 有无明显损坏的痕迹。拆除电池单体上面覆盖的保护材料,露出电池单体端子。维修人员用万用表按照顺序测量每组电池单体的端电压并记录。记录电池单体电压与解码仪读取的数据是否一致,找出电压值偏差较大的几块电池单体,做好标记。

拆除故障电池单体的外面固定件,松开高压母线与电池单体组连接端子,拆出有故障的电池单体组,用合适的电池单体组替换,固定与母线的连接端子,安装电池单体组的固定件。再次测量刚换的电池单体电压与其他几组电池单体电压值,比较是否基本相同,如有不妥,需要再次更换电池单体,直至每一电池单体组电压基本一致。

检查确认安装无误后在均衡仪上对动力电池进行充放电试验,一般做 2~3 次充放电,再次测量各组电池单体的电压,是否存在明显的偏差,如有偏差再次更换电池单体,直至各电池单体组电压基本一致,各电池单体组电压偏差应小于 30mV。

4. 电池组维护或更换

动力电池在存放时严禁处于亏电状态。亏电状态是指动力电池使用后没有及时充电。在亏电状态存放,很容易造成后续充电不足,动力电池容量下降。亏电状态闲置时间越长,电池损坏越重。因此,电池闲置不用时,应每月定期补充电一次,这样能较好地保持电池处于健康状态。

在使用过程中,如果电动汽车的续驶里程在短时间内突然下降,则很有可能是电池组中最少有一块电池出现断格、极板软化、极板活性物质脱落等短路现象。此时,应及时到维修店进行动力电池的检查、修复或配组。

动力电池的保养作业是为了保证其性能的可靠性而进行的工作,通常分为日常的常规保养和周期性的强制保养。

(1) 动力电池的常规保养作业项目(不需要拆卸动力电池,也无须开盖检查)

1) 检查动力电池外观。将车辆举升后目测动力电池底部有无磕碰、划伤、损坏的现象,电池标识是否脱落。

提示:如发现以上情况应及时予以修理或更换。

2) 目测密封条及进排气孔,进行电池箱体的密封检查。

3) 目测动力电池高低压插接器是否有变形、松脱、过热、损坏的情况。

4）定期对动力电池满充、满放一次，之后使用专用检测仪对动力电池单体一致性进行测试。

提示：如发现以上情况应及时予以修理或更换。

5）检查 BMS、绝缘电阻、插接器与紧固件情况。使用专用检测仪器对动力电池 BMS、绝缘电阻进行测试。目测动力电池高低压插接件变形、松脱、过热、损坏的情况。

提示：如发现以上情况应及时予以修理或更换。

6）固定螺栓力矩检测。螺栓标准力矩：95～105N·m

（2）动力电池系统周期性强制保养项目（需要拆卸动力电池，也需开盖检查）动力电池系统周期性强制保养项目见表 5-2。

表 5-2 动力电池系统周期性强制保养项目

项　目	目　的	方　法	工　具
绝缘检查（内部）	防止电池箱内部短路	打开动力蓄电池，断开 BMS 插头，用绝缘表 1000V 档测试总正、总负对地，阻值≥500Ω/V	绝缘表
模组连接件检查	防止螺钉松动，造成故障	用做好绝缘的扭力扳手紧固（力矩：35N·m），检查完成后，做好极柱绝缘	扭力扳手
电池箱内部温度采集点检查	确保测温点工作正常，采集点合理	使用笔记本电脑通过专用 CAN 卡监控电池箱内部温度与用红外热像仪所测试的温度对比，检查温感精度	笔记本电脑、CAN 卡、红外热像仪
电池箱内部除尘	防止内部粉尘较多，影响通信	用压缩空气通过气枪对内部进行清理	空压机
电压采集线检查	防止电压采集线破损，导致测试数据不准	将从板插接器打开安装 1 次，通过观察数据变化进行确认	无
标识检查（内部）	防止标识脱落	目测	无
熔断器检查	检查熔断器状态是否良好，遇事故时可正常工作	用万用表二极管档测量通断	万用表
电池箱密封检查	保证电池箱密封良好，防止水进入	目测密封条或更换密封条	无
继电器测试	防止继电器损坏，车辆无法正常上高压电	用笔记本电脑上的专用监控软件启动关闭总正、总负继电器，并用专用万用表进行测试	万用表、笔记本电脑、CAN 卡
高低压插接器可靠性检查	确保插接器正常使用	目测高低压插接器是否松动、破损、腐蚀以及密封等情况，并通过专用万用表测量连接可靠性，用绝缘测试仪进行绝缘测试	万用表、绝缘表

(续)

项　　目	目　　的	方　　法	工　　具
其他电池箱内零部件检查	保证辅助性的部件正常使用	检查是否有松动、破损、脱落等情况	螺钉旋具、扭力扳手
电池包安装点检查	防止电池包脱落	目测检查每个安装点焊接处是否有裂纹	无
电池包外观检查	确保电池包未受到外界因素影响	目测并确认电池包无变形、无裂痕、无腐蚀、无凹痕	无
保温检查	确保冬季电池包内部温度	目测检查电池包内部边缘保温棉是否脱落、损坏	无
电池包高低压线缆安全检查	确保电池包内部线缆无破损、漏电	目测电池包内部线缆是否破损、挤压	无
电池单体防爆膜、外观检查	防止电池单体损坏、漏电	目测电池单体防爆膜、电池单体外观绝缘是否破损	无
CAN 电阻检查	确保通信质量	下电情况：用万用表电阻档测量 CAN1 高对 CAN1 低电阻	万用表
电池包内部干燥性检查	确保电池箱内部无水渍	打开电池包，目测观察电池箱内部是否有积水，测量电池包绝缘	绝缘表
电池加热系统测试	确保加热系统工作正常，避免冬季低温影响充电	电池箱通 12V 电，打开监控软件，启动加热系统，目测风扇是否正常或者加热膜片是否工作正常	12V 电源、笔记本电脑、CAN 卡
对各高、低压插接头及部件进行除湿、润滑、绝缘处理	保证高、低压电路连接的可靠性	用 WD40 对插接头及部件进行处理	WD40

注意：以上是对一款自然风冷型的动力电池所进行的周期性强制保养项目，对于强制风冷或液冷的动力电池系统，以及内置高压控制盒类型的动力电池与此不完全相同。另外在进行维护时一定要严格按新能源汽车高压安全与防护要求进行相应操作，否则可能会给维修人员带来触电危险。

（3）更换电池单体　拆卸固定动力电池上盖的固定螺钉，打开上盖，注意密封件不要损坏。

动力电池组打开后，依照故障显示的位置找到有问题的电池单体，拆卸固定的支架，拆开电极连接螺钉，卸下电池模组，取出有问题的电池单体，换上正常的电池单体，装入动力电池内，并进行电池组电压均衡，做到各电池单体的电压基本一致，符合 BMS 管理要求。

（4）检查安装是否正确　检查其他电池单体和部件安装是否正常，检查无误后安装固定上盖，上盖与动力电池的底座必须保证密封，按照维修手册要求打密封胶。

检查动力电池总成外观是否有损坏、磕碰等异常情况，外观无损伤，更换电池单体的任务结束。动力电池可以装车上电。

5. 故障排除

解决电压值偏差较大引起的动力电池储电量下降而导致的续驶里程短的故障，只能通过对电池单体电压的测试，对存在电压值偏差较大的电池单体进行更换的办法予以解决。目前电池单体管理技术不断进步，BMS 利用充电时间能够对存在电压值偏差较大的电池单体进行及时平衡，无须拆卸动力电池，既保证车辆续驶里程保持较好的状态，也保护电池单体的电压、容量、内阻不产生较大的偏差，避免电池单体过早损坏。

本 章 小 结

1. 动力电池包内部结构识别与检查。
2. 动力电池包内部主要部件结构、功能及工作原理。
3. 高压回路检测与控制元件的组成、特点、工作原理。
4. 动力电池管理系统结构、原理及控制策略。
5. 动力电池故障常见故障灯符号及意义。
6. 纯电动汽车上电流程及常见故障现象、原因、排除方法。
7. 动力电池的不一致性的原因及影响。
8. 电池单体的失效模式、原因、影响。
9. 动力电池组维护项目、目的及方法。

复习思考题

1. 纯电动汽车为何要有预充电路？简述整车预充控制过程。
2. 简述纯电动汽车动力电池系统绝缘检测方法和判定程序。
3. 动力电池为何要有电池加热系统？主要方式有哪几种。
4. 简述纯电动汽车上电过程。
5. 分析纯电动汽车无法上电故障的主要原因，并举一例说明排除方法。
6. 什么是动力电池的不一致性？造成不一致性的原因主要有哪些？

实 训 项 目

实训 12　车辆 READY 灯熄灭，无法行驶的诊断与排除

任务名称	车辆 READY 灯熄灭，无法行驶的诊断与排除	日期		成绩	
学生姓名		学号		班级	
任务载体	北汽新能源 EV160				
任务目标	1. 掌握动力电池及控制系统的结构及工作原理 2. 熟知动力电池及控制系统常见故障及原因 3. 掌握动力电池及控制系统常见故障的诊断与排除				

一、故障现象陈述

一辆北汽新能源 EV160 电动汽车，打开电源开关后挂 D 位，仪表 READY 灯熄灭，且报"动力电池断开"，"动力电池故障"，车辆无法行驶，诊断仪显示预充未完成。

二、信息收集

查阅北汽新能源 EV160 维修手册、使用说明书。查阅动力电池及控制系统电路图及相关线路。

三、任务实施

1. 故障原因分析

2. 编写故障诊断流程

序号	内容

3. 诊断仪器和设备

4. 小组成员分工

主修员		记录员	
监护员		展示员	

5. 场地设备检查

检查工作场地和设备设施是否清洁及是否存在安全隐患，如不正常请汇报并进行处理。

安全防护用品：＿＿＿＿＿＿＿＿＿＿＿＿＿＿＿＿＿＿＿＿＿＿＿＿＿＿＿＿＿＿＿＿
作业工具：＿＿＿＿＿＿＿＿＿＿＿＿＿＿＿＿＿＿＿＿＿＿＿＿＿＿＿＿＿＿＿＿＿＿
实训设备设施：＿＿＿＿＿＿＿＿＿＿＿＿＿＿＿＿＿＿＿＿＿＿＿＿＿＿＿＿＿＿＿＿
辅助资料：＿＿＿＿＿＿＿＿＿＿＿＿＿＿＿＿＿＿＿＿＿＿＿＿＿＿＿＿＿＿＿＿＿＿

6. 安全要求及诊断注意事项

（1）＿＿＿＿＿＿＿＿＿＿＿＿＿＿＿＿＿＿＿＿＿＿＿＿＿＿＿＿＿＿＿＿＿＿＿＿
（2）＿＿＿＿＿＿＿＿＿＿＿＿＿＿＿＿＿＿＿＿＿＿＿＿＿＿＿＿＿＿＿＿＿＿＿＿
（3）＿＿＿＿＿＿＿＿＿＿＿＿＿＿＿＿＿＿＿＿＿＿＿＿＿＿＿＿＿＿＿＿＿＿＿＿

7. 诊断、检测流程

序号	检测项目	备注

8. 故障点确认、排除方法

9. 故障验证

四、检验和评估

1. 小组互评

其余学生小组根据展示小组代表阐述本组任务实施过程，进行评价，并记录评价结果。

序号	评价标准	评价结果
1	任务目的制定合理恰当	
2	任务过程表述清晰明确	
3	任务结果符合实际情况	
4	任务计划切实有效执行	
5	任务体会感受情感真实	
综合评价		

2. 组内互评

组长：＿＿＿＿＿＿　　组号：＿＿＿＿＿＿

姓名									
分工									
评价									

3. 自我反思和自我评价（根据自己在课堂中的实际表现）

自我反思	
自我评价	

4. 教师评价
_____

实训 13　续驶里程短的诊断与排除

任务名称	续驶里程短的诊断与排除	日期		成绩	
学生姓名		学号		班级	
任务载体	北汽新能源 EV160				
任务目标	1. 掌握车载充电机结构及工作原理 2. 熟知车载充电机常见故障及原因 3. 掌握车载充电机更换流程				

一、故障现象陈述

一辆北汽新能源 EV160 电动汽车，在行驶过程中出现间歇性高压掉电，且续驶里程锐减。

二、信息收集

查阅北汽新能源 EV160 维修手册、使用说明书。查阅动力电池电路图及相关线路。

三、任务实施

1. 故障原因分析

2. 编写故障诊断流程

序号	内　　容

3. 诊断仪器和设备

4. 小组成员分工

主修员		记录员	
监护员		展示员	

5. 场地设备检查
检查工作场地和设备设施是否清洁及是否存在安全隐患，如不正常请汇报并进行处理。
安全防护用品：_____
作业工具：_____
实训设备设施：_____
辅助资料：_____

6. 安全要求及诊断注意事项
（1）_____
（2）_____
（3）_____

7. 诊断、检测流程

序号	检测项目	备注

8. 故障点确认、排除方法

9. 故障验证

四、检验和评估

1. 小组互评

其余学生小组根据展示小组代表阐述本组任务实施过程,进行评价,并记录评价结果。

序号	评价标准	评价结果
1	任务目的制定合理恰当	
2	任务过程表述清晰明确	
3	任务结果符合实际情况	
4	任务计划切实有效执行	
5	任务体会感受情感真实	
综合评价		

2. 组内互评

组长:_____   组号:_____

姓名										
分工										
评价										

3. 自我反思和自我评价（根据自己在课堂中的实际表现）

自我反思	
自我评价	

4. 教师评价

_____

实训 14　车辆 SOC 为零且提示尽快进行充电的诊断与排除

任务名称	车辆 SOC 为零且提示尽快进行充电的诊断与排除	日期		成绩	
学生姓名		学号		班级	
任务载体	北汽新能源 EV160				
任务目标	1. 掌握动力电池及控制系统结构及工作原理 2. 熟知动力电池及控制系统常见故障及原因 3. 掌握动力电池及控制系统常见故障诊断与排除				

一、故障现象陈述

一辆北汽新能源 EV160 电动汽车,刚充电不久,在行驶过程中发现仪表报故障,电量为零,并提示充电,续驶里程同时没有。

二、信息收集

查阅北汽新能源 EV160 维修手册、使用说明书。查阅动力电池及控制系统电路图及相关线路。

三、任务实施

1. 故障原因分析

2. 编写故障诊断流程

序号	内　容

3. 诊断仪器和设备

4. 小组成员分工

主修员		记录员	
监护员		展示员	

5. 场地设备检查

检查工作场地和设备设施是否清洁及是否存在安全隐患,如不正常请汇报并进行处理。
安全防护用品:＿＿＿＿＿＿＿＿＿＿＿＿＿＿＿＿＿＿＿＿＿＿＿＿＿＿＿＿＿
作业工具:＿＿＿＿＿＿＿＿＿＿＿＿＿＿＿＿＿＿＿＿＿＿＿＿＿＿＿＿＿＿＿
实训设备设施:＿＿＿＿＿＿＿＿＿＿＿＿＿＿＿＿＿＿＿＿＿＿＿＿＿＿＿＿
辅助资料:＿＿＿＿＿＿＿＿＿＿＿＿＿＿＿＿＿＿＿＿＿＿＿＿＿＿＿＿＿＿

6. 安全要求及诊断注意事项

(1)＿＿＿＿＿＿＿＿＿＿＿＿＿＿＿＿＿＿＿＿＿＿＿＿＿＿＿＿＿＿＿＿＿

(2)＿＿＿＿＿＿＿＿＿＿＿＿＿＿＿＿＿＿＿＿＿＿＿＿＿＿＿＿＿＿＿＿＿

(3)＿＿＿＿＿＿＿＿＿＿＿＿＿＿＿＿＿＿＿＿＿＿＿＿＿＿＿＿＿＿＿＿＿

7. 诊断、检测流程

序号	检测项目	备　注

8. 故障点确认、排除方法

9. 故障验证

四、检验和评估

1. 小组互评

其余学生小组根据展示小组代表阐述本组任务实施过程，进行评价，并记录评价结果。

序号	评价标准	评价结果
1	任务目的制定合理恰当	
2	任务过程表述清晰明确	
3	任务结果符合实际情况	
4	任务计划切实有效执行	
5	任务体会感受情感真实	
综合评价		

2. 组内互评

组长：_____　　组号：_____

姓名								
分工								
评价								

3. 自我反思和自我评价（根据自己在课堂中的实际表现）

自我反思	
自我评价	

4. 教师评价

第 6 章

驱动电机系统故障诊断

> **学习目标**
> - 掌握驱动电机系统的组成。
> - 掌握电机控制器各工况工作工程。
> - 熟知驱动电机控制策略。
> - 熟知驱动电机冷却系统的作用、构成及原理。
> - 掌握驱动电机系统主要部件的结构、原理及检测方法。

驱动电机是电动汽车三大核心部件之一，也是车辆行驶的主要执行机构，其特性决定了车辆的主要性能指标，对电动汽车整车行驶的动力性、经济性、安全性、操控稳定等性能有着重要的影响。

在北汽新能源车型中，基本都是采用单电动机驱动的纯电动车。与传统工业驱动电机不同，电动汽车的驱动电机通常要求能够频繁地起动/停车、加速/减速，低速/爬坡时要求高转矩、高速行驶时要求低转矩并要求变速范围大。本章重点介绍电机控制的原理、电机测试的方法及电机和电机控制器的相关概念。

6.1 驱动电机系统

6.1.1 驱动电机系统组成

驱动电机系统组成见图 6-1。通常驱动电机系统由驱动电机（DM）、电机控制器（MCU）、机械传动装置构成，通过高低压线束、冷却管路，与其他系统作电气和散热连接。

图 6-1 北汽新能源 EV200 15 款驱动电机系统组成

驱动电机系统主要通过有效的控制策略将动力电池提供的直流电转化为交流电,实现电机的正转和反转控制。在制动/减速时将电机发出的交流电转化为直流电,将能量回收给动力电池。

1. 电机控制器的作用

整车控制器(VCU)根据驾驶人意图发出各种指令,电机控制机器响应并回馈,实时调整驱动电机输出,以实现整车的怠速、前行、倒车、停车、能量回收以及驻坡等功能。电机控制器另一个重要功能是通信和保护,实时进行状态和故障检测,保护驱动电机系统和整车安全可靠运行。

在北汽新能源 EV 系列的纯电动车中,电机控制器通过 CAN 网络与整车控制器通信,通过电压传感器监测直流母线及相电流,并且能够采集 IGBT 和电机温度,通过控制电路控制和反馈给 IGBT 模块,为旋变传感器励磁供电,对旋变的信号进行检测与分析。

2. 电机控制器的组成及其功能

电机控制器如图 6-2 所示,由功率变换器(IGBT)、控制主板、传感器、超级电容、放电电阻、接口、冷却水管等组成。

图 6-2 北汽新能源 EV 系列电机控制器

(1)控制主板(中央控制模块) 控制主板主要包括控制芯片及外围电路、A-D 采样电路、IGBT 驱动和保护电路、位置检测电路等几部分。中央控制模块,对外,通过对外接口,得到整车上其他部件的指令和状态信息;对内,把翻译过的指令传递给逆变器驱动电路,并检测控制效果。

(2)传感器 使用以下传感器用来提供驱动电机的工作信息,包括:

1)电流传感器(图 6-3)用以检测电机工作的实际电流(包括母线电流、三相电流)。

2)电压传感器用以检测供给电机控制器工作的实际电压(包括动力电池电压、12V 蓄电池电压)。

3)温度传感器(图 6-4)用以检测电机控制器的工作温度(包括 IGBT 模块温度、电机控制器板载温度)。

4)位置传感器安装在驱动电机内部,用以检测转子磁极位置,为逆变器提供正确换向信息。位置传感器主要包括电磁式(旋转变压式)、光电式(光电编码器)、磁敏式(霍尔位置传感器)几种。

图 6-3 电流传感器

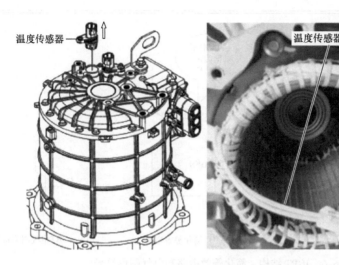

图 6-4　比亚迪 e5 驱动电机温度传感器

（3）功率变换器模块　功率变换器主电路采用三相全桥逆变电路，对电机电流、电压进行控制，其功率开关器件一般采用 IGBT（图 6-5）。

IGBT 在功率 MOSFET 工艺技术基础上发展起来，它兼有功率 MOSFET 高输入阻抗、开关速度快和电子晶体管（GTR）的大电流密度的特点。IGBT 自投入市场以来，已成为中、大功率电子电力设备的主导器件。

图 6-5　IGBT 模块

知识链接：IGBT 的结构和工作原理

IGBT 也是三端器件，具有栅极 G、集电极 C 和发射极 E。图 6-6a 所示为一种由 N 沟道 MOSFET 与双极型晶体管组合而成 IGBT 的基本结构，比 MOSFET 多一层 P^+ 注入区，因而形成了大面积的 P^+、N^+ 和 J_1 实现对漂移区电导率进行调制，使得 IGBT 具有很强的通流能力，其等效电路图如图 6-6b 所示。简化等效电路表明 IGBT 是用 GTR 与 MOSFET 组成的达林顿结构，相当于一个由 MOSFET 驱动的厚基区 PNP 晶体管。

图中 R_N 为晶体控制区内的调制电阻，因此 IGBT 的驱动原理与电力 MOSFET 基本相同，是一种场控器件，其开通和关断是由栅极和发射极间的电压 U_{GE} 决定的。当 U_{GE} 为正且大于开启电压 $U_{GE(th)}$ 时，功率 MOSFET 内形成沟道，并为晶体管提供基极电流进而使 IGBT 导通。当栅极与发射极间施加反向电压或不加信号时，MOSFET 内的沟道消失，晶体管的基极电流被切断，使得 IGBT 关断。

电导调制效应使得电阻 R_N 减小，这样高耐压的 IGBT 也具有很小的通态压降。

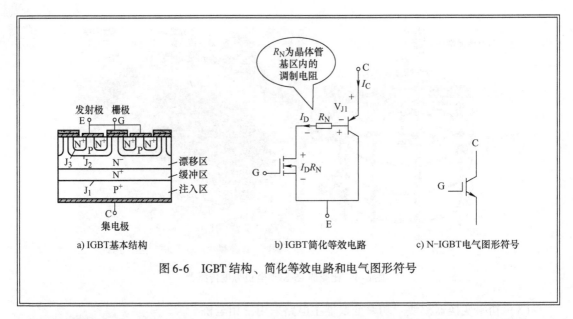

图 6-6　IGBT 结构、简化等效电路和电气图形符号

(4) 驱动控制模块　将中央控制模块的指令转换成对逆变器中可控硅的通断指令, 并作为保护装置, 具备过电压、过电流等故障的监测保护功能。

6.1.2　电机控制器的工作原理

1. 指令和响应

对于电机控制器, 其调速指令的触发信号来自整车控制器。整车控制器一方面体现驾驶人意图, 另一方面从安全和车辆电气系统运行状态出发, 评估对驾驶人的响应是否合理, 最后全部执行或部分执行。驾驶人的意图通过加速踏板和制动踏板表达并传递给整车控制器。

整车控制器给到电机控制器的具体指令与动力系统相关的有以下几种, 加速、减速、制动、停车。电机控制器做出的响应为, 改变电源电流、电压、频率等参数, 使得电机的运行状态符合整车控制器的需要。

2. 闭环

电机控制器自身是一套闭环控制系统, 调节目标参数, 检测受控函数值是否到达预期, 若不相符, 反馈给控制器, 再次调整目标参数。经过反复的闭环反馈, 实现高精确度的控制。

整车控制器采集车速传感器信号及各个电气部件温度、电压等重要状态参数, 判断整车的综合情况, 是否符合驾驶人提出的需求, 同时不妨碍整个系统的健康状况。这个过程是整车层面的闭环控制。

图 6-7 是一个典型的电动汽车动力系统电气图, 其中细线是低压通信线, 粗线为高压动力线。与电机控制器有强电连接关系的部件是电机和动力电池包;电机控制器连接到整车的 CAN 总线上, 可以与整车控制器、数字仪表板、动力电池管理系统通信, 交换数据, 接受指令。

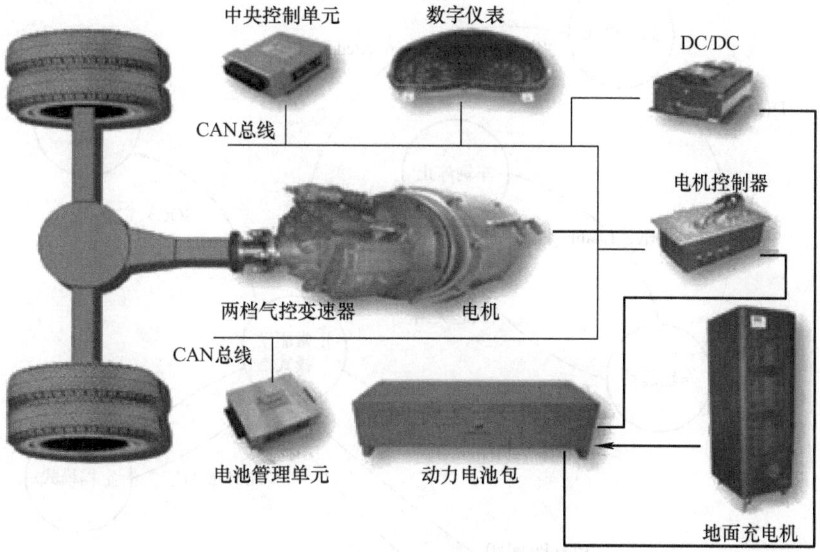

图 6-7　电动汽车动力系统电气图

6.1.3　驱动电机控制策略

根据电动汽车的 PRND 四个档位以及加速踏板和制动踏板信号的不同组合，将电动汽车的运动状态分为五种运行模式，分别是起车模式、正常驱动模式、失效保护模式、制动能量回馈模式和空档模式。整车控制器采集钥匙信号、加速踏板、制动踏板、档位信号和其他传感器信号，然后提取出有效值，整车控制策略通过对这些有效值判断、计算，取相应的驱动模式，然后向电机控制器发送整车期望转矩指令。

如图 6-8 所示，驱动使能标志位置 1 则进入整车驱动状态，它置 1 的条件是钥匙转到 START 状态，整车控制器通过自检，电机控制器通过自检，电池管理系统通过自检，无严重故障，档位处于 R/N/D 位。然后整车控制器根据加速踏板、制动踏板、档位信号和车速分别进入对应的驱动状态。五种运行模式的具体内容如下：

1. 起车模式

起车模式是指车辆已经起动，档位挂在驱动档，加速踏板开度为零的运行模式。此时整车控制器发送给电机控制器的转矩指令为起车小转矩。该转矩的主要功能是：

如果在平直路面上行驶，可以使车辆保持一个恒定起车速度前行，如果在坡道上，则防止起车时车辆倒溜。在起车模式下，车辆最终以恒定速度行驶，并且车速有一个最大值，若车速超过这个值，则电机停止转矩的输出。

2. 正常驱动模式（图 6-9）

正常驱动模式是指车辆处于驱动使能状态下，整车动力系统能够无故障运行，保障车辆正常行驶。此时整车控制器根据加速踏板开度、车速和电池 SOC 值来确定发送给电机控制器的转矩指令，当电机控制器从整车控制器得到转矩输出的指令时，将动力电池提供的直流电，转化成三相交流电，驱动电机输出转矩，通过机械传输来驱动车辆。正常驱动模式下有一个最大行驶车速。

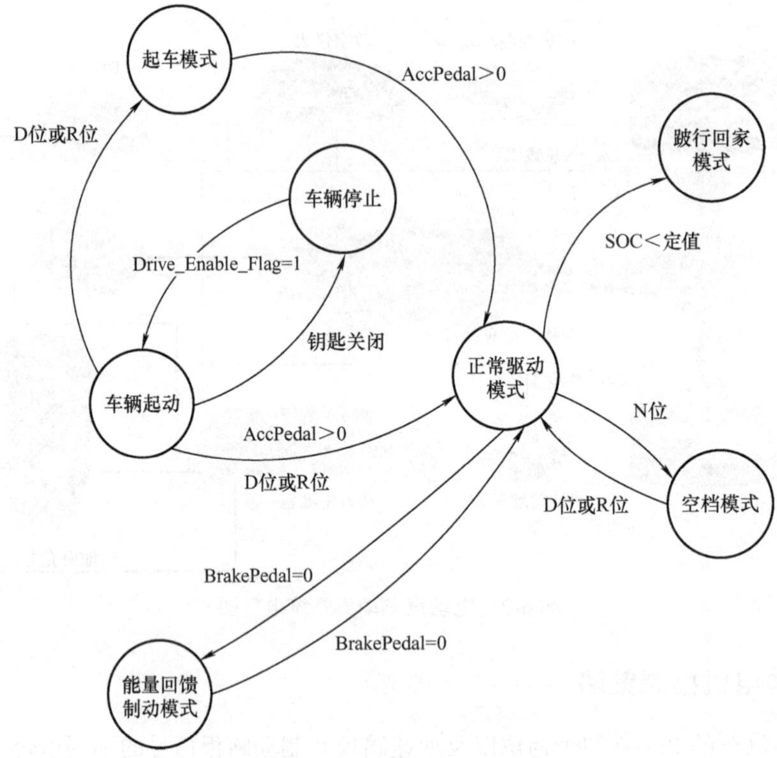

图 6-8 车辆驱动模式逻辑

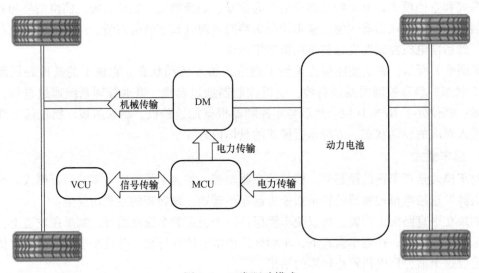

图 6-9 正常驱动模式

3. 制动能量回馈模式（图 6-10）

制动能量回馈模式也称为发电模式，在此模式下，若车辆在运行时制动信号有效，并且车速大于一定值，则对车辆的动能进行回收。由于电机既可以作电动机，又可以作发电机，根据电机的这一特点，电动汽车除具备传统燃油汽车制动系统的基本功能外，制动时调整载荷分配比例系数，在电机控制器从整车控制器得到发电指令后，使电机处于发电状态。此时电机输出制动转矩,有效地吸收车辆制动时的动量,电机将车辆的动能转化为电能,然后三相正弦交流电通过电机控制器转化为直流电,产生的电能给动力电池充电,增加能量的利用率,故电动汽车具有制动能量回馈的功能。

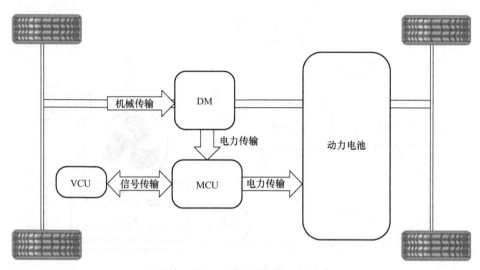

图 6-10　制动能量回馈模式

4. 空档模式

空档模式是指档位信号在 N 位时,整车控制器发送给电机控制器的转矩指令为 0,电机处于自由状态,电机随着驱动轮转动。传统的燃油汽车由于发动机不能带负载起动,在塞车或等候交通绿灯时,需要让发动机怠速转动。这部分燃油是不做功的,降低了整车的能量利用率,同时怠速时,燃油燃烧不充分,还造成了比较大的环境污染,而电动汽车就不存在这方面的缺点。

5. 失效保护模式

失效保护模式是指整车动力系统出现非严重的故障时,车辆还可以继续行驶而不需要紧急停车。整车控制器根据故障等级,对需求转矩进行限制,输出转矩维持车辆慢行至附近维修站。

起车模式和正常驱动模式属于电机输出的转矩为驱动力矩,制动能量回馈模式属于电机输出的转矩为制动力矩,空档模式时电机不输出转矩,失效保护模式下电机输出的转矩为驱动力矩,它和起车模式、正常驱动模式的区别在于电机输出转矩的大小、变化率有限制。整车驱动控制策略主要包括起车模式和正常驱动模式,因为这两个模式下车辆实现前进、倒车的最基本的驾驶功能。

6.1.4　驱动电机的冷却系统检测

电动汽车驱动电机和电控装置在工作中会产生很多热量,不及时散热会影响驱动电机性能,降低电机寿命;严重的可能会引起线路短路造成车辆自燃。

驱动电机系统的主要热源为电机及电机控制器,冷却系统采用水冷的方式。

如图 6-11 所示,在电机及电机控制器内置水路管道,冷却液流经电机和电机控制器带走热量,进入散热器散热。电动风扇与散热器集成安装,加速散热。VCU 风扇控制器通过分布在电机、IGBT 和基板的温度传感器,实时监测温度,并同步调整冷却风扇运行状态(起动、低速、高速、停止)。经过散热的冷却液在无刷磁力水泵的作用下,再进入驱动电机和电控装置带走热量,以此循环往复,始终确保驱动电机在最佳的温度范围中工作。

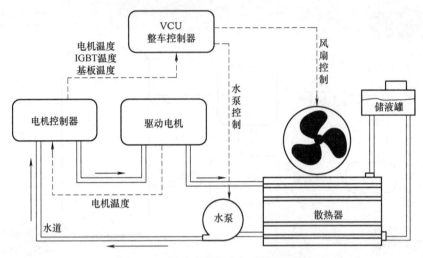

图 6-11　驱动电机的冷却系统原理图

图 6-12 所示为北汽新能源 EV160 的冷却系统布置,沿用原车散热器,采用电动水泵,全新设计水管。

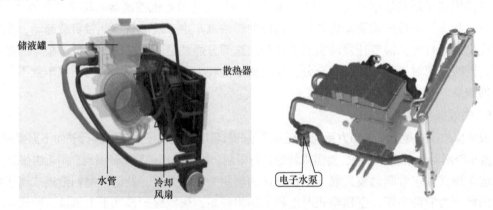

图 6-12　北汽新能源 EV160 的冷却系统布置

该冷却系统具有温度保护的功能,其温度控制策略见表 6-1,当控制器监测到驱动电机温度传感器显示:45℃≤温度<50℃时,冷却风扇低速起动;温度≥50℃时,冷却风扇高速起动。120℃≤温度<140℃时,降低功率;温度≥140℃时,功率将至 0,即停机。

表 6-1　北汽新能源 EV160 温度控制策略

部　件	低速风扇		高速风扇	高温	超温
	工作	停止	工作	降功率	停机
电机控制器	≥75℃	<75℃	≥80℃	80~85℃	≥85℃
驱动电机	45~50℃	≤40℃	≥50℃	120~140℃	≥140℃

当控制器监测到散热基板温度显示：温度≥70℃，冷却风扇低速起动；温度≥80℃，冷却风扇高速起动。80℃≤温度<85℃时，降功运行；温度≥85℃时，超温保护，即停机。

1. 冷却回路检测

检查冷却液液位，检查水管连接处有无渗漏，检查水泵和散热器有无渗漏。检测冷却管路是否堵塞或者堵气。在确认冷却液正常及无泄漏后，再检测电机低压信号插头是否松动或者退针。确认上述检查无问题后再开始对两个温度传感器进行测量。在T35（图6-13）插件中，找到9号、10号、20号、21号这四个端子，检测其电压是否符合标准。

2. 冷却泵控制检测

冷却泵一般都是由冷却水泵继电器进行控制的。在插件B（图6-14）中找到115号端子，检测其电压是否符合标准。

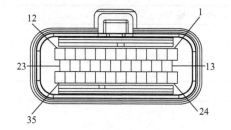

图6-13 电机控制器线束端35芯插件T35

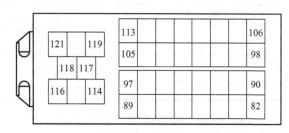

图6-14 整车控制器线束端121芯插件B

冷却泵控制电路如图6-15所示，检测熔丝MB02的电阻是否正常。

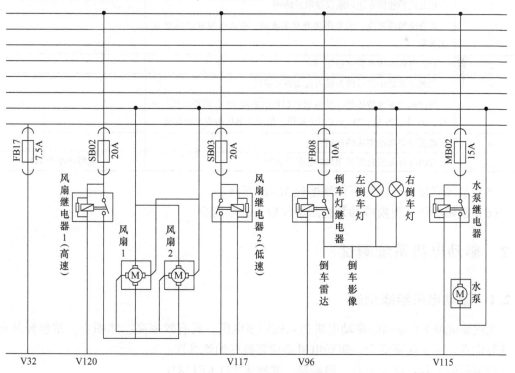

图6-15 冷却泵控制电路

3. 电机冷却系统检测案例

（1）故障现象　仪表出现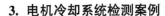故障灯，踩下加速踏板无加速反应。

（2）故障原因分析

1）冷却液不足或者有泄漏。

2）冷却回路出现短路或断路。

3）冷却泵控制回路出现短路或断路。

4）风扇控制回路出现短路或断路。

5）电机长时间运行造成电机本体损坏。

（3）故障诊断流程（表6-2）

表 6-2　故障诊断流程

序　号	内　容
1	冷却系统及电机的外观检查
2	电机控制器插接器检查
3	冷却回路线路检查
4	冷却泵控制回路检查

（4）诊断、检测流程（表6-3）

表 6-3　诊断、检测流程

序　号	检测项目	备　注
1	用北汽新能源专用诊断仪读取故障码	
2	检查冷却液液位、水管连接处有无渗漏，检查水泵和散热器有无渗漏	
3	检查电机本体是否有损坏	
4	检测电机低压信号插头是否松动或者退针	
5	检测两个温度传感器，从电机控制器线束端35芯插件中找到9号、10号、20号、21号这四个端子，检测其电压是否符合标准	
6	检测冷却泵控制线圈电路	
7	检测冷却泵控制熔丝MB02电阻是否正常	电阻应小于1Ω

（5）故障点确认　冷却泵控制熔丝MB02断路。

（6）故障验证　更换冷却泵控制熔丝后，故障消除。

6.2　驱动电机系统测试

6.2.1　驱动电机绝缘测试

北汽新能源EV系列的驱动电机为永磁同步电机，具有效率高、体积小、重量轻及可靠性高等优点。为了保证安全，驱动电机必须有良好的绝缘性。

检测所需工具：绝缘手套、绝缘鞋、兆欧表FLUKE1587C。

检测步骤：

1)确认绝缘鞋和绝缘手套、绝缘帽正常。
2)将低压蓄电池负极断开,并在负极接口处用胶带粘住。
3)拔掉高压盒电机控制器输入插头。
4)用万用表确认所测部位没有高压。
5)正确选择兆欧表量程:500V。
6)检查兆欧表是否完好:将L端与E端短接,按下TEST ON-OFF,指针到0;将L端与E端分开悬空,按下TEST ON-OFF,指针到无穷大。否则更换兆欧表。

将兆欧表黑表笔接于车身,用红表笔逐个测量正负极端子。

标准值:电机正负极输入端子与车身(外壳)绝缘电阻≥100MΩ。

6.2.2 电机驱动三相电流测试

永磁同步电机分为正弦波驱动的永磁同步电机和方波驱动的永磁同步电机。这里主要介绍以三相正弦波驱动的永磁同步电机。

图6-16所示为北汽新能源EV160永磁同步电机(C33DB)的主要零件。永磁同步电机和传统电动机一样,主要由定子和转子两大部分组成。

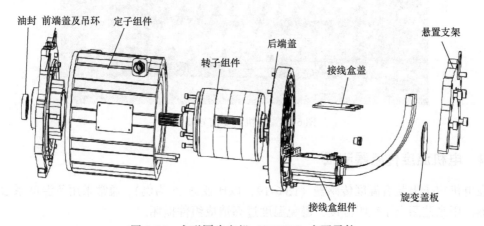

图6-16 永磁同步电机(C33DB)主要零件

电机驱动三相电流测试:

检测所需工具:绝缘手套、绝缘鞋、兆欧表FLUKE1587C。

检测步骤:

1)确认万用表、兆欧表正常,电机外观及线路正常,表面无损坏。
2)正确选择兆欧表量程:500V。
3)用万用表测量相与相之间电阻:U-V之间、U-W之间、V-W之间。
4)用兆欧表测量三相与车辆搭铁端电阻:U相与搭铁端、V相与搭铁端、W相与搭铁端。

标准值:三相与车辆搭铁端电阻≥100MΩ。

标准值:电机正负极输入端子与车身(外壳)绝缘电阻≥100MΩ。

6.2.3 电机旋变信号测试

在电机定子上装有旋变传感器,是一种输出电压随着转子转角变化的器件。当励磁绕组以一定频率的交流电压励磁时，输出绕组的电压幅值与转子转角成余弦函数关系，或者保持一定比例关系。旋转变压器结构如图 6-17 所示。

励磁绕组，产生固定频率的磁场；正弦绕组，感应励磁绕组的磁场并产生正弦信号；余弦绕组，感应励磁绕组的磁场并产生余弦信号；不同极对数的定子铁心，三种绕组都缠绕在其上。

旋转变压器输出的波形称为电机旋变信号，其波形如图 6-18 所示。用专用仪器测量其波形。

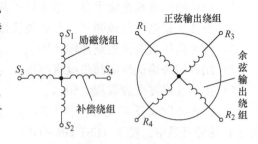

图 6-17 旋变结构组成

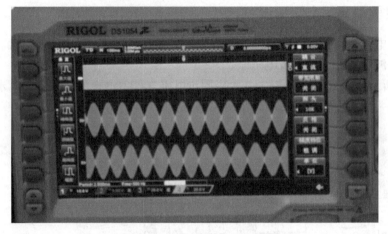

图 6-18 电机旋变信号波形

6.2.4 电机温度传感器测试

在电机定子上装有温度传感器（图 6-19，以比亚迪 e5 为例），通常采用负温度系数温度传感器，用来监测定子绕组温度，避免温度过高造成组件损坏。

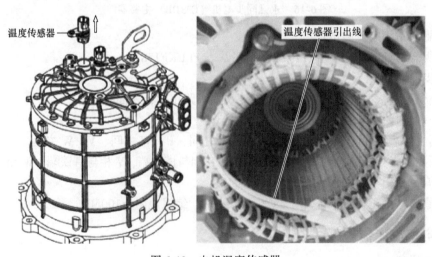

图 6-19 电机温度传感器

在北汽新能源 EV200 车型中,驱动电机系统状态和故障信息会通过整车 CAN 网络上传给整车控制器(VCU),传输通道是两根信号线束,分别是电机到控制器的 19PIN 插件(图 6-20)和控制器到 VCU 的 35PIN 插件(其接口定义见表 6-4)。

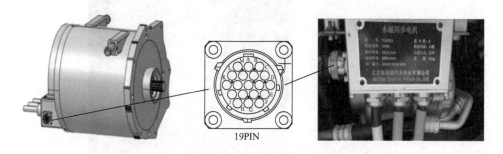

图 6-20　北汽新能源 EV200 驱动电机低压插件 19PIN

表 6-4　控制器到 VCU 的 35PIN 插件接口定义

型　号	编　号	信号名称	说　明
AMP 35PIN C-776163-1	12	励磁绕组 R1	电机旋转变压器接口
	11	励磁绕组 R2	
	35	余弦绕组 S1	
	34	余弦绕组 S3	
	23	正弦绕组 S2	
	22	正弦绕组 S4	
	33	屏蔽层	
	24	12V_GND	控制电源接口
	1	12V+	
	32	CAN_H	CAN 总线接口
	31	CAN_L	
	30	CAN_PB	
	29	CAN_SHIELD	
	10	TH	电机温度传感器接口
	9	TL	
	28	屏蔽层	
	8	485+	RS485 总线接口
	7	485-	
	15	HVIL1 (+L1)	高低压互锁接口
	26	HVIL2 (+L2)	

在测量电机温度传感器前,先确认插件是否连接到位,是否有"退针"现象(图 6-21)。然后用万用表测量端口 9 和搭铁,端口 10 和搭铁的电压。

图 6-21 低压插件接口

本 章 小 结

1. 驱动电机系统的功能、组成及主要部件结构、原理。
2. 驱动电机各工况的控制过程及控制策略。
3. 驱动电机冷却系统的构成、原理。
4. 驱动电机系统主要部件检测。

复习思考题

1. 纯电动汽车对驱动电机有哪些要求？
2. 电机控制器有哪些作用？
3. 纯电动汽车驱动电机为何要有冷却系统？主要冷却方式有哪些？
4. 驱动电机旋变信号的作用、组成和检测方法是什么？

实 训 项 目

实训 15　驱动电机的冷却系统检测

任务名称	驱动电机的冷却系统检测	日期		成绩	
学生姓名		学号		班级	
任务载体	北汽新能源 EV200 实训车、北汽新能源专用诊断仪				
任务目标	1. 掌握冷却系统的检测方法 2. 熟知北汽新能源 EV200 冷却系统的组成 3. 了解冷却系统各部件的作用				

一、故障现象陈述

一辆北汽新能源 EV200 电动汽车,仪表出现 故障灯,踩下加速踏板无加速反应。

二、信息收集

翻阅维修手册,查询所需资料。

三、任务实施

1. 故障原因分析

2. 编写故障诊断流程

序号	内　容

3. 诊断仪器和设备

4. 小组成员分工

主修员		记录员	
监护员		展示员	

5. 场地设备检查

检查工作场地和设备设施是否清洁及是否存在安全隐患,如不正常请汇报并进行处理。

安全防护用品:_____

作业工具:_____

实训设备设施:_____

辅助资料:_____

6. 安全要求及诊断注意事项

(1) _____

(2) _____

(3) _____

7. 诊断、检测流程

序号	检测项目	备 注

8. 故障点确认、排除方法

9. 故障验证

四、检验和评估

1. 小组互评

其余学生小组根据展示小组代表阐述本组任务实施过程，进行评价，并记录评价结果。

序号	评价标准	评价结果
1	任务目的制定合理恰当	
2	任务过程表述清晰明确	
3	任务结果符合实际情况	
4	任务计划切实有效执行	
5	任务体会感受情感真实	
综合评价		

2. 组内互评

组长：_____ 组号：_____

姓名										
分工										
评价										

3. 自我反思和自我评价（根据自己在课堂中的实际表现）

自我反思	
自我评价	

4. 教师评价

实训 16　驱动电机绝缘测试

任务名称	驱动电机绝缘测试	日期		成绩	
学生姓名		学号		班级	
任务载体	北汽新能源 EV200 实训车、兆欧表 FLUKE1587C				
任务目标	1. 掌握驱动电机绝缘测试的方法 2. 熟知驱动电机需要绝缘的部位 3. 了解驱动电机绝缘性能不足的原因				

一、故障现象陈述

一辆北汽新能源 EV200 电动汽车，仪表出现"驱动电机故障"文字提示，READY 灯无法点亮。

二、信息收集

翻阅维修手册，查询所需资料。

三、任务实施

1. 故障原因分析

2. 编写故障诊断流程

序号	内容

3. 诊断仪器和设备

4. 小组成员分工

主修员		记录员	
监护员		展示员	

5. 场地设备检查
检查工作场地和设备设施是否清洁及是否存在安全隐患，如不正常请汇报并进行处理。
安全防护用品：_____
作业工具：_____
实训设备设施：_____
辅助资料：_____

6. 安全要求及诊断注意事项
(1) _____
(2) _____
(3) _____

7. 诊断、检测流程

序号	检测项目	备注

8. 故障点确认、排除方法

9. 故障验证

四、检验和评估

1. 小组互评

其余学生小组根据展示小组代表阐述本组任务实施过程,进行评价,并记录评价结果。

序号	评价标准	评价结果
1	任务目的制定合理恰当	
2	任务过程表述清晰明确	
3	任务结果符合实际情况	
4	任务计划切实有效执行	
5	任务体会感受情感真实	
综合评价		

2. 组内互评

组长:_____ 组号:_____

姓名										
分工										
评价										

3. 自我反思和自我评价(根据自己在课堂中的实际表现)

自我反思	
自我评价	

4. 教师评价

_____

实训 17　电机旋变信号测试

任务名称	电机旋变信号测试	日期		成绩	
学生姓名		学号		班级	
任务载体	北汽新能源 EV200 实训车、万用表、GDS－1000C 数字存储示波器				
任务目标	1. 掌握电机旋变信号测试方法 2. 熟知电机旋变信号常见故障 3. 了解电机旋变信号常见故障的原因				

一、故障现象陈述

一辆北汽新能源 EV200 电动汽车,起动车辆后,发现仪表出现"驱动电机系统故障"文字提示,且 READY 灯不亮。

二、信息收集

翻阅维修手册,查询所需资料。

三、任务实施

1. 故障原因分析

2. 编写故障诊断流程

序号	内　容

3. 诊断仪器和设备

4. 小组成员分工

主修员		记录员	
监护员		展示员	

5. 场地设备检查

检查工作场地和设备设施是否清洁及是否存在安全隐患,如不正常请汇报并进行处理。

安全防护用品:＿＿＿＿＿＿＿＿＿＿＿＿＿＿＿＿＿＿＿＿＿＿＿＿＿＿＿＿＿＿

作业工具:＿＿＿＿＿＿＿＿＿＿＿＿＿＿＿＿＿＿＿＿＿＿＿＿＿＿＿＿＿＿＿＿

实训设备设施:＿＿＿＿＿＿＿＿＿＿＿＿＿＿＿＿＿＿＿＿＿＿＿＿＿＿＿＿＿

辅助资料:＿＿＿＿＿＿＿＿＿＿＿＿＿＿＿＿＿＿＿＿＿＿＿＿＿＿＿＿＿＿＿

6. 安全要求及诊断注意事项

(1) ＿＿＿＿＿＿＿＿＿＿＿＿＿＿＿＿＿＿＿＿＿＿＿＿＿＿＿＿＿＿＿＿＿

(2) ＿＿＿＿＿＿＿＿＿＿＿＿＿＿＿＿＿＿＿＿＿＿＿＿＿＿＿＿＿＿＿＿＿

(3) ＿＿＿＿＿＿＿＿＿＿＿＿＿＿＿＿＿＿＿＿＿＿＿＿＿＿＿＿＿＿＿＿＿

7. 诊断、检测流程

序号	检测项目	备注

8. 故障点确认、排除方法

9. 故障验证

四、检验和评估

1. 小组互评

其余学生小组根据展示小组代表阐述本组任务实施过程，进行评价，并记录评价结果。

序号	评价标准	评价结果
1	任务目的制定合理恰当	
2	任务过程表述清晰明确	
3	任务结果符合实际情况	
4	任务计划切实有效执行	
5	任务体会感受情感真实	
综合评价		

2. 组内互评

组长：_____   组号：_____

姓名									
分工									
评价									

3. 自我反思和自我评价（根据自己在课堂中的实际表现）

自我反思	
自我评价	

4. 教师评价

第 7 章

空调系统故障诊断

> **学习目标**
> - 掌握电动汽车空调系统的使用与操作方法。
> - 熟知电动汽车空调系统制冷和制热的基本原理。
> - 掌握电动汽车空调系统不出风、不制冷、不制热等常见故障原因及排除方法。

7.1 空调系统的使用与操作

7.1.1 送风功能的使用与操作

1. 空调送风操作

空调控制器的操作面板如图 7-1 所示,各操作键代表的具体含义如下。

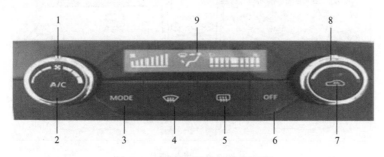

图 7-1 空调控制器的操作面板

（1）风速 增减出风速度。

（2）A/C 开关 控制空调制冷功能开启与关闭。按下此开关发出制冷请求后,开关指示灯点亮。

（3）模式调节键 调节出风风向,具体如图 7-2 所示。

（4）前除霜快捷键 按下此开关,出风模式将快速切换到前除霜模式,再按一次则退出前除霜模式自动恢复到上次工作状态。

（5）后除霜快捷键 按下此开关,

图 7-2 空调出风模式

后除霜模式起动。当除霜器工作时,开关上的指示灯点亮;当除霜器关闭时,指示灯熄灭。后窗加热仅在起动开关置于"ON"档位时可工作,并在约 15min 后自动关闭。

(6) 空调关闭键　按下 OFF 后,空调系统所有执行机构停止工作,液晶屏无显示。OFF 键关闭控制器后,5、7 两项功能(内外循环、后除霜)可在空调关闭条件下实现新风切换或后除霜。

(7) 循环模式开关　开关上的黄色指示灯点亮,表示与图标相符,为内循环模式;开关上的黄色指示灯熄灭,表示与图标不符,为外循环模式。在起动制冷或制热功能后,循环模式自动切换到内循环状态,以保证快速降温或升温,此时可手动改变循环模式。

(8) 温度　改变出风温度。旋钮调至热区时,自动开启电加热器;仅在旋钮调至冷区时,可支持开启电动制冷系统。

(9) 液晶显示屏　从左到右,分别显示风速档位、出风模式、温度状态。风量共 8 档,从左到右依次增大,最小风量为 1 档。模式共 5 种模式,分别为吹面、吹面吹脚、吹脚、吹脚除霜、全除霜。温度条 Lo 表示最冷,Hi 表示最热,从 Lo 到 Hi 表示冷到热程度增加。

送风系统通过风窗玻璃上的进气栅栏向车辆内部提供新鲜的或加热、制冷后的空气,如图 7-3 所示,注意保持进气格栅清洁,没有如树叶、雪花或结冰。

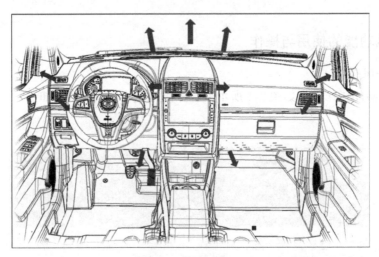

图 7-3　进气栅栏

同时针对出风的方向,通过移动在百叶片中心的连杆来调整风向,向上或向下,或从一侧至另一侧,如图 7-4 所示。

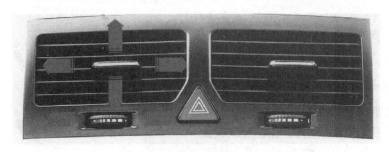

图 7-4　百叶片调节连杆

2. 控制电路分析

北汽新能源 EV160 空调的基本控制电路如图 7-5 所示。

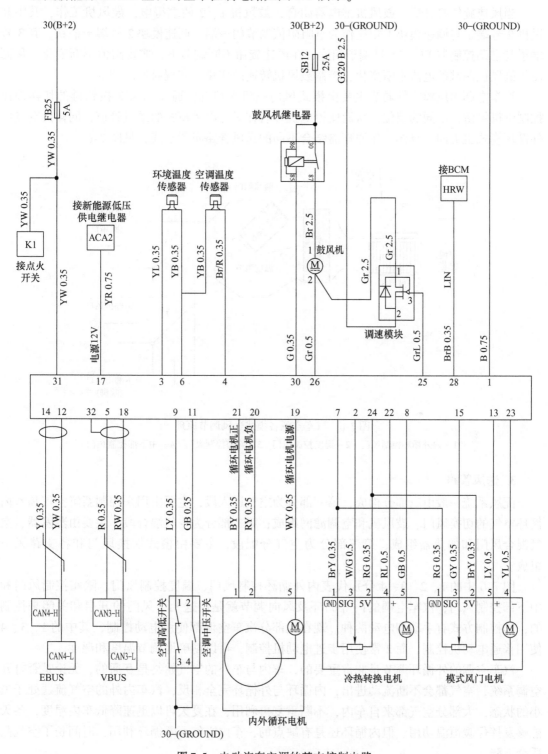

图 7-5　电动汽车空调的基本控制电路

空调控制器通过 CAN 总线实现与整车控制器等其他控制系统建立通信，而内部车厢送风风量的大小由鼓风机的调速模块来控制，鼓风机的控制由鼓风机继电器来控制。

当风速旋钮打开后，鼓风机继电器闭合，鼓风机 1、2 两端得电，鼓风机工作，其中鼓风机 2 号端子与调速模块 1 相连作为电阻阻值调节的一端，调速模块 2 号端子搭铁，其 3 号端子与空调控制器 ECU 25 号端子相连，在风速旋钮不断调节下，实现阻值不断变化，从而使得鼓风机两端的电流不断变化，控制鼓风机转速的变化，实现风速的调节。

汽车空调出风模式的调节主要由模式风门电机来控制，通过 MODE 按钮键的切换操作控制电机停留在不同的档位，从而使得电机开启在对应出风模式的送风管道，同样的空气内外循环模式也类同，具体工作原理需结合不同的送风管路布置模式，见图 7-6。

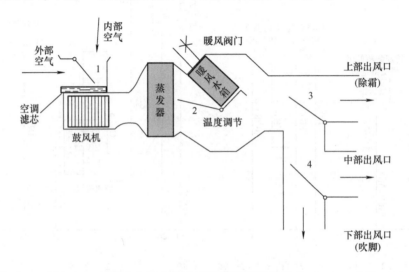

图 7-6　汽车空调各模式送风调节原理
1—内外循环控制风门　2—温度控制风门　3—除霜控制风门　4—中下部控制风门

3. 送风管路

配风系统一般由三部分构成，第一部分为空气进入段，主要由用来控制新鲜空气和室内循环空气的切换风门、鼓风机和空调滤网组成；第二部分为空气混合段，主要由蒸发器、空气混合风门和加热器组成；第三部分为空气分配段，主要由模式切换风门和各支路风道组成。

图 7-6 中的 1、2、3、4 分别代表内外循环控制风门、温度控制风门、除霜控制风门和中下部控制风门，汽车空调的内外循环及风向调节就是由这几个风门的开启和关闭来控制的，其控制方式有手动和电动两种。现在大部分汽车空调都使用电动控制，其中的 1、3、4 使用普通电动机控制，而 2 常使用步进电动机控制，可以精确地调节温度和湿度。

汽车空调的外循环调节是非常重要的，车内与车外的空气始终是互通的，无论是否打开空调系统，空气都会不断流动进出；内循环与外循环完全相反，汽车内外的空气流通处于最小的状态，大部分空气都来自车内，不断重复再利用，在夏天可以迅速降低车内温度，冬天能够发挥保暖恒温功用。但内循环还是有缺点的，车内空气不断循环利用，时间长了空气品质会下降。

当开启外循环时，会增大与外界空气的流通量，开启风扇，则会加快空气交换流通速度。当外部环境非常好的时候，使用外循环模式，可让车内充满新鲜空气，提升车内空气品质；如果外部环境非常恶劣，比如灰尘、雾霾或在交通堵塞路段，如若使用外循环模式，则会将汽车废气、沙尘等吸入车内，导致车内空气品质下降，影响乘坐的舒适性。因此当外部环境恶劣时，尽量不要使用外循环模式。

7.1.2 制冷功能的操作与原理分析

1. 空调制冷操作

空调制冷操作见图 7-1，顺时针旋转 A/C 旋钮开关，到蓝色标识区域，空调开始制冷。制冷档位通常显示为蓝色，随着蓝色显示量的增加，制冷强度随之增加。

2. 制冷工作原理

电动汽车空调系统制冷的工作原理与传统汽油机空调系统类似，其工作原理如图 7-7 所示。汽车空调制冷系统主要是由压缩机、膨胀阀、冷凝器、蒸发器和鼓风机等组成，另外，还增加了电气系统的空调驱动器。使用泵气效率较高的涡旋式压缩机是电动汽车空调的一个共同特点，与其他诸多类型的空调压缩机（如斜盘式、曲柄连杆式、叶片式等压缩机）相比，涡旋式压缩机具有振动小、噪声低、使用寿命长、重量轻、转速高、效率高、外形尺寸小等多个优点，更符合电动汽车的空调使用要求。其各个部件之间采用高压橡胶管和钢管连接成一个密闭的系统，在制冷系统工作时，制冷剂会以不同的状态在这个空间里循环流动，而这样的循环又分为了四个过程，具体如下：

（1）压缩过程　压缩机吸入蒸发器出口处的低温低压的制冷剂气体，把它压缩成高温高压的气体排出压缩机。

（2）散热过程　高温高压的过热制冷剂气体进入冷凝器，由于压力及温度的降低，制冷剂气体冷凝成液体，并排出大量的热量。

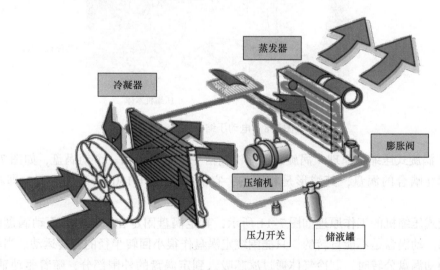

图 7-7　空调系统的结构原理示意图

(3) 节流过程　温度和压力较高的制冷剂液体通过膨胀装置后体积变大,压力和温度急剧下降,以雾状(细小液滴)排出膨胀装置。

(4) 吸热过程　雾状制冷剂液体进入蒸发器,因此时制冷剂沸点远低于蒸发器内温度,故制冷剂液体蒸发成气体。在蒸发过程中大量吸收周围的热量,而后低温低压的制冷剂蒸汽又进入压缩机。上述过程周而复始地进行,从而达到降低蒸发器周围空气温度的目的。

3. 旋涡式压缩机

(1) 涡旋式压缩机结构　电动汽车的压缩机动力来源与传统汽车不同,传统汽车压缩机由发动机传动带通过电磁离合器带动,而电动汽车采用电动压缩机,电动压缩机则由动力电池提供高压电来驱动。电动压缩机主要由驱动控制器、压缩机本体、压缩机排气口、压缩机吸气口、高压插接件、低压插接件等部分构成,如图7-8所示。这种结构形式灵活方便,可装置在前机舱的任何位置,而且电动机与压缩机可采取同轴驱动,不会出现传统驱动方式的传动带打滑、压缩机转速与发动机转速不同步的现象。由于电动机同轴驱动压缩机,可通过调节电动机转速改变压缩机转速,实现空调压缩机排量及制冷量的灵活控制。封闭式的驱动结构,只有电源线及进出气管与外部联系,泵气装置运行的可靠性较高,故障率较低。

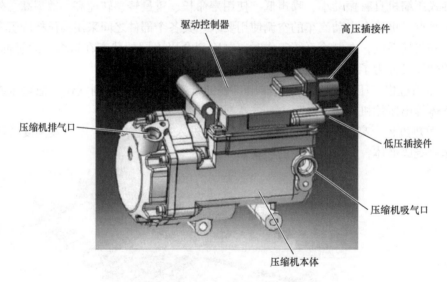

图7-8　电动压缩机主要部件

(2) 涡旋式压缩机原理　涡旋式压缩机包括一个定涡盘和一个动涡盘,如图7-9所示。这两个相互啮合的涡盘,其线形是相同的,它们相互错开180°安装在一起,即相位角相差180°。

涡旋式压缩机的工作原理如图7-11所示,其定涡盘固定在机架上,而动涡盘由电动机直接驱动。动涡盘是不能自转的,只能围绕定涡盘作很小回转半径的公转运动。当驱动电机旋转带动动涡盘公转时,制冷气体通过滤芯吸入到定涡盘的外围部分,随着驱动轴的旋转,动涡盘在定涡盘内按轨迹运转,使动、定涡盘之间形成由外向内、体积逐渐缩小的六个腔,即A腔、B腔、C腔、D腔、E腔和F腔,如图7-10所示。制冷气体在动、定涡盘所组成的六个月牙形压缩腔内被逐步压缩,最后从定盘中心孔通过阀片将被压缩后的制冷气体连续排出,如图 7-11 所示。

图 7-9　压缩机的动涡盘与定涡盘实物

图 7-10　压缩机的动涡盘与定涡盘安装方式

图 7-11　涡旋式压缩机工作原理

在压缩机整个工作过程中,所有工作腔均由外向内逐渐变小且处于不同的压缩状况,从而保证涡旋式压缩机能连续不断地吸气、压缩和排气。虽然涡旋式压缩机每次排出制冷剂的气量较小,其排出量为 27~30cm^3,但由于其动涡盘可作高达 9000~13000r/min 的公转,所以它的总排量足够大,能满足车辆空调制冷的需求,当然压缩机的功耗也较大,可达 4~7kW。

整车控制器 VCU 采集到空调 A/C 开关信号、空调压力开关信号、蒸发器温度信号、风速信号以及环境温度信号,经过运算处理形成控制信号,通过 CAN 总线传输给空调控制器,由空调控制器控制空调压缩机高压电路的通断,具体可参考图 7-5。

汽车空调电动压缩机电路原理如图 7-12 所示,空调继电器控制压缩机 12V 低压电源(低压电源电压正常是空调压缩机控制器的通信信号传输及控制功能得以正常运行的可靠保证)。整车控制器 VCU 通过数据总线 CANH、CANL 与空调压缩机控制器相连接,再由压缩机控制器控制空调压缩机的高压电源线 DC+ 与 DC- 通断。

高压互锁信号线在高压上电前确保整个高压系统的完整性,使高压电处于一个封闭的环

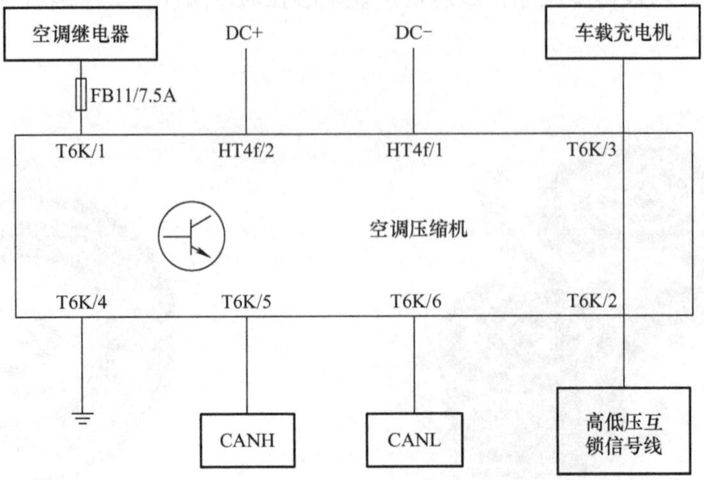

图 7-12 汽车空调电动压缩机电路原理

境下工作，提高安全性。空调压缩机的高压线束与低压线束相互独立，线束的各个端子定义如图 7-13 和图 7-14 所示，高压端子 B 与 DC+ 对应为高压电源正极，A 与 DC- 对应为高压电源负极。

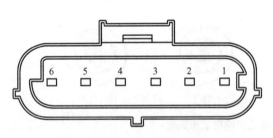

图 7-13 空调压缩机低压插接器
1—空调继电器　2、3—互锁信号　4—搭铁
5—CANH　6—CANL

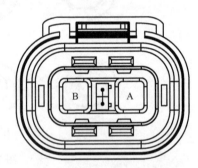

图 7-14 空调压缩机高压插接器
B—高压电+　A—高压电-

7.1.3 制热功能的操作与原理分析

1. 空调制热操作

空调制热操作如图 7-1 所示，逆时针旋转 A/C 旋钮开关，到红色标识区域，空调开始制热。制热档位通常显示为红色，随着红色显示量的增加，制热强度随之增加。

2. 空调制热工作原理

电动汽车空调的供暖系统热源，与电动汽车的形式有所不同。混合动力汽车虽然有发动机，但是车辆行驶时发动机可运行也可不运行，如强混电动汽车可单纯利用电力驱动行驶，不以发动机为动力，纯电动汽车没有发动机，所以有的电动汽车空调采用传统发动机循环冷却水作热源，而当发动机不运转时，则由半导体 PTC 元件加热，或由储热水罐供热。

PTC 是 Positive Temperature Coefficient 的缩写，是一种直热式电阻材料，通电时将会产生热量，可供空调制热。如有的电动汽车空调内部有 8 条 PTC 发热元件，由空调驱动器将蓄电池高压电源向每条元件供电，功率可达 300～600W，用于对冷空气或冷却液加热。前期的制热装置采用 PTC 发热条，直接将冷空气加热为热空气，再用风机吹出热气的方式。为提高制热器的效率，现在的制热多采取水为介质，将水加热后送到空调风道的散热器，再经风机吹向车厢内或风窗玻璃，用以提高车厢内温度和除去风窗玻璃的霜雾，电动汽车空调制热通常采用以 PTC 热敏电阻元件为发热源的一种加热器。PTC 热敏电阻通常是用半导体材料制成的，它的电阻随温度变化而急剧变化。当外界温度降低时，PTC 电阻值随之减小，发热量反而会相应增加。PTC 的实物图如图 7-15 所示。工作原理示意如图 7-16 所示。

图 7-15　PTC 实物图

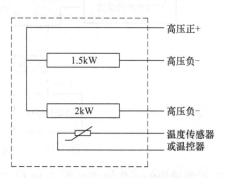

图 7-16　PTC 的工作原理示意图

PTC 电阻是一种具有正温度敏感性的典型半导体电阻，它可作为发热元件，也可用作热敏开关，还可用于检测温度，但是汽车上的温度传感器则用负温度系数的 NTC 材料。PTC 元件的温度与电阻的特性，如图 7-17 所示。当对元件通电时，其电阻会随着温度的升高而呈现缓慢下降的趋势，也就是其常温下的发热量较低。吹出气体的温度最高可达 85℃，完全可满足空调制热的要求，如果高于 85℃，则 PTC 电阻变得极大，实际表现为自动停止工作。作为加热用的陶瓷 PTC 元件，具有自动恒温的特性可省去一套复杂的温控线路，而且其工作电压可高达 1000V，可直接由电池的高压供电。

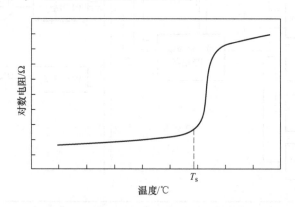

图 7-17　PTC 元件的温度-电阻特性曲线

空调制热系统的控制原理如图 7-18 所示，通过操作空调控制面板上的旋钮 A/C 开关，选择暖风档位，此时，暖风选择控制信号会传递给 VCU，VCU 通过 CAN 通信线将控制信息传递给 PTC 控制模块，由 PTC 控制模块驱动 PTC 电加热丝，通过 PTC 电阻加热元件产生的热量，使附近区域空气迅速升温，并结合不同的送风模式，送达指定的车厢区域。

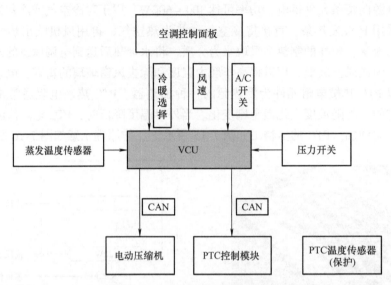

图 7-18　空调制热系统的控制原理

PTC 控制模块的工作原理如图 7-19 所示。输入开关信号给单片机逻辑判断电路高压正极供电，单片机点亮状态指示灯和驱动 PTC1（1.5kW）或 PTC2（2kW）工作。此外，PTC 控制模块单片机接受 PTC 温度保护、过电流保护、控制器温度保护、欠压过电压保护信号，保护工作电路。

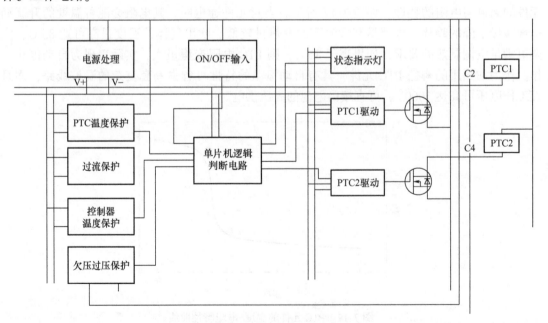

图 7-19　PTC 控制模块原理图

7.2 空调系统绝缘故障的排除

1. 故障现象

以北汽新能源 EV160 电动汽车为例,当车辆上电时,无论如何调节出风大小或切换各出风模式,均无制冷或制热效果,导致车内空气无法有效进行降温或升温。故障灯区域出现绝缘故障指示灯,车辆 READY 灯不点亮,车辆无法行驶,如图 7-20 所示。

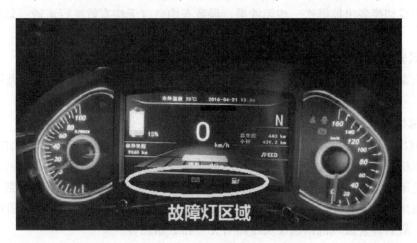

图 7-20 仪表故障指示灯

2. 故障排除

当车辆出现绝缘故障时,动力电池无法输出电能,车辆无法行驶,制热制冷功能无法实现。断开 12V 蓄电池负极,做好负极线的相关保护措施,断开 PDU35 针插件,在 PDU 端进行放电、验电测试。分别检查动力电池及其高压线缆绝缘状况、快充线束绝缘状况、慢充线束绝缘状况、电机及其高压电缆绝缘状况、UVW 高压电缆绝缘状况、压缩机及其高压电缆绝缘状况、PTC 及其高压线束绝缘状况。若出现压缩机高压电缆或 PTC 高压电缆绝缘故障,则更换电缆。若出现压缩机及 PTC 元件绝缘故障,则更换元件。

7.3 空调系统互锁故障的排除

1. 故障现象

以北汽新能源 EV160 电动汽车为例,当车辆上电时,无论如何调节出风大小或切换各出风模式,均无制冷或制热效果,导致车内空气无法有效进行降温或升温。故障灯区域出现绝缘故障指示灯,车辆 READY 灯不点亮,车辆无法行驶。用解码仪读取故障码,出现互锁故障码。

2. 故障排除

当车辆出现互锁故障时,动力电池无法输出电能,车辆无法行驶,制热制冷功能无法实现。因此断开 12V 蓄电池负极,做好负极线的相关保护措施,断开 PDU35 针插件,在 PDU

端进行放电、验电测试。用万用表分段检测压缩机及 PTC 以及其他互锁线路，若为互锁故障，则更换线束或更换插件。

7.4 空调系统不出风的故障排除

1. 故障现象

以北汽新能源 EV160 电动汽车为例，当空调风量开启时候，未见出风，且无论如何调节出风大小或切换各出风模式，均无效果，导致车内空气无法有效进行流通，影响正常的驾驶体验。

2. 送风管路、电路分析

电动汽车空调送风管路、电路分析可参考前述送风使用与操作小节中送风管路及电路分析。

3. 故障排除

（1）鼓风机本体及相关控制元件故障　空调出风由鼓风机作为动力源，如鼓风机本体损坏，鼓风机熔丝熔断，或者继电器损坏，以及调速旋钮控制元器件线路方面的问题，都会导致鼓风机不工作，从而空调无法在正常使用情况下出风。根据图 7-5 所示电路分析，首先需要检查鼓风机电阻有无损坏的情况；其次检查熔丝 SB12 是否断路以及鼓风机继电器是否正常工作；最后检查鼓风机调速模块线路有无短路或断路等。

（2）空调滤清器及送风通道堵塞　当鼓风机工作时，如果空调滤清器脏堵，以及送风通道堵塞，也会导致空调不出风，需要拆卸空调滤清器，并检查是否因为过脏而导致严重堵塞，此外更进一步需要对各送风管路适当进行检查，是否存在树叶、纸张甚至纱布等遮挡。

7.5 空调系统不制冷的故障排除

1. 故障现象

某电动汽车，当空调制冷功能开启时，无论如何调节制冷出风大小或切换各出风模式，均无制冷效果，导致车内空气无法有效降温，影响正常的驾驶体验。

2. 空调制冷管路、电路分析

电动汽车空调制冷管路、电路分析可参考前述制冷操作小节中空调制冷电路分析的相关内容。

3. 故障排除

（1）空调压缩机故障　空调压缩机是电动汽车空调制冷系统的重要部分，若压缩机发生故障，则空调系统无法制冷。压缩机的控制模块电路如图 7-21 所示，故障主要有以下几种类型：

1）空调系统继电器损坏。空调系统继电器控制了压缩机控制器的供电。若继电器损坏，则控制器无法工作，空调无法制冷。应检查空调系统继电器及其相关供电线路的好坏。

2）高压正极熔丝 GB02 损坏。高压正极熔丝 GB02 在高压控制盒当中，当熔丝损坏，高压电不能输入压缩机控制器，从而不能制冷。应检查高压正极熔丝 GB02 的好坏。

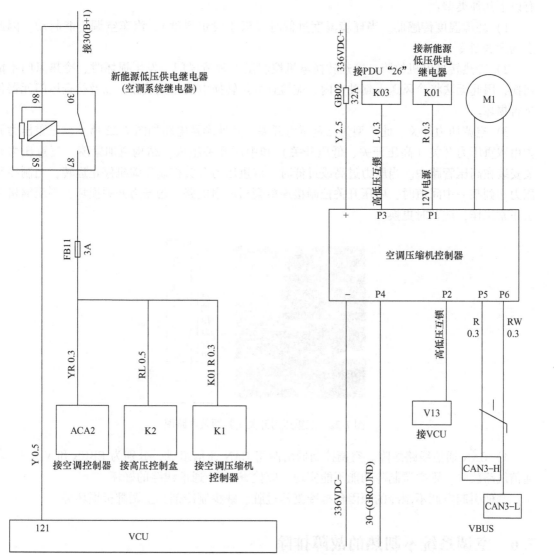

图 7-21　北汽新能源 EV160 空调压缩机控制模块电路图

3）高低压互锁故障。压缩机 P3 到 PDU26 号脚和 P2 到 VCU23 号脚分别是压缩机的高低压互锁线路。若高低压互锁线路故障，则高压电无法输出，压缩机无法制冷。应检查互锁线路的好坏。

4）CAN 通信线路故障。P5 和 P6 分别是 CAN H 和 CAN L。若压缩机通信线路故障，则 VCU 不能收到通信信号，压缩机不能工作。应检查 CAN 通信线路的好坏。

5）压缩机、节流阀或膨胀阀元器件故障。关于空调压缩机，有这么一句口诀叫作"低压高、高压低，要换压缩机"。膨胀阀和节流阀出现故障会直接导致空调不良。若出现故障，则更换元器件即可。

（2）空调控制器故障　空调控制器具有控制汽车空调制冷、制热、送风模式、送风速度等功能。若空调控制器发生故障，则可能引起空调系统无法制冷。空调控制器的故障主要有以下几种类型：

1) 环境温度传感器。当环境温度过低时（低于设定温度），汽车空调不能起动，因此空调无法制冷。

2) 冷热转换电机故障。冷热转换电机控制温度调节风门，发生损坏时，冷热风门不能切换，因此无法将冷风送入驾驶室内。应检查冷热转换电机相关线路，以及检查风门元器件是否损坏。

3) 空调压力开关。此车型为三重压力开关，其外形及电路如图 7-22 所示。三重压力开关由双重压力开关（高压开关、低压开关）和中压开关组成，结构更加紧凑。三重压力开关安装在高压管路中。当压力过高或过低时，双重压力开关控制压缩机停止运转；当制冷剂压力达到某一中间值时，中压开关控制接通冷凝器风扇电路。若压力开关损坏，则压缩机无法正常工作，应及时更换。

图 7-22　三重压力开关实物图及电路图

4) CAN 通信线路故障。空调控制器由两组 CAN 通信组成，分别为 EBUS 和 VBUS。若通信线路故障，则空调制冷功能不能实现，应检查 CAN 通信线路的好坏。

其他引起空调不制冷的原因包括冷凝器过脏、缺少制冷剂、空调翻板损坏等。

7.6　空调系统不制热的故障排除

1. 故障现象

某电动汽车，当空调制热功能开启时，无论如何调节制热出风大小或切换各出风模式，均无制热效果，导致车内空气无法有效升温，影响正常的驾驶体验。

2. 空调制热电路分析

电动汽车空调制热电路分析可参考前述制热操作小节中空调制热电路分析的相关内容。

3. 故障排除

（1）PTC 本体及控制元件故障

PTC 加热器作为暖风系统的热源，如 PTC 本体损坏，或 PTC 控制器相关电路故障，则会导致 PTC 无法加热，系统没有暖风产生，从而空调无法在正常使用情况下产生暖风。需要测量 PTC 加热器 1.5kW 和 2kW 两个电阻（图 7-16）的阻值是否在正常范围内。查看 PTC 控制电路（图 7-23），检测 GB05 熔丝（高压分线盒内）是否损坏；检测快充正极继电器是否正常工作，PTC 控制单元及相关线束有无损坏、与整车 VCU 的 CAN 通信是否正常，以及暖风开关及调节线路有无短路或断路等。

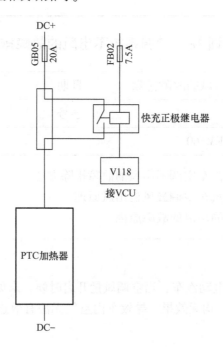

图 7-23 PTC 的控制电路图

（2）空调滤清器脏堵及送风通道堵塞　当 PTC 本体及控制元件工作正常，存在热源时，如空调滤清器脏堵，以及送风通道堵塞，空调会因此不出风，从而使得车厢内空气无法产生有效流通，导致系统不制热，故需要拆卸空调滤清器，并检查是否因为过脏而导致严重堵塞，此外需要对各送风管路进行检查，看是否存在树叶、纸张甚至纱布等遮挡物。

本 章 小 结

1. 电动汽车空调系统的制冷、制热及送风功能的使用方法。
2. 空调制冷、制热的工作过程及电路相关原理。
3. 电动汽车空调常见不出风、不制冷、不制热故障诊断与排除方法。

复习思考题

1. 电动汽车的空调系统和传统汽车的空调系统有哪些异同点？
2. 电动汽车空调不制冷有哪些常见故障原因？如何排除？
3. 电动汽车空调不制热有哪些常见故障原因？如何排除？

实训项目

实训 18　空调系统不出风的故障排除

任务名称	空调系统不出风的故障排除	日期		成绩	
学生姓名		学号		班级	
任务载体	北汽新能源 EV160				
任务目标	1. 掌握电动汽车空调不出风的故障排除方法 2. 熟知电动汽车空调鼓风机出风原理 3. 了解常见的出风的故障原因				

一、故障现象陈述

一辆北汽新能源 EV160 电动汽车，当空调风量开启时候，未见出风，且无论如何调节出风大小或切换各出风模式，均无效果，导致车内空气无法有效进行流通，影响正常的驾驶体验。

二、信息收集

查阅北汽新能源 EV160 维修手册，查阅北汽新能源 EV160 电路图，鼓风机相关线路。

三、任务实施

1. 故障原因分析

2. 编写故障诊断流程

序号	内容

3. 诊断仪器和设备

4. 小组成员分工

主修员		记录员	
监护员		展示员	

5. 场地设备检查

检查工作场地和设备设施是否清洁及是否存在安全隐患，如不正常请汇报并进行处理。

安全防护用品：_____

作业工具：_____

实训设备设施：_____

辅助资料：_____

6. 安全要求及诊断注意事项

（1）_____

（2）_____

（3）_____

7. 诊断、检测流程

序号	检 测 项 目	备　　注

8. 故障点确认、排除方法

9. 故障验证

四、检验和评估

1. 小组互评

其余学生小组根据展示小组代表阐述本组任务实施过程，进行评价，并记录评价结果。

序号	评价标准	评价结果
1	任务目的制定合理恰当	
2	任务过程表述清晰明确	
3	任务结果符合实际情况	
4	任务计划切实有效执行	
5	任务体会感受情感真实	
综合评价		

2. 组内互评

组长：＿＿＿＿＿＿＿ 组号：＿＿＿＿＿＿＿

姓名								
分工								
评价								

3. 自我反思和自我评价（根据自己在课堂中的实际表现）

自我反思	
自我评价	

4. 教师评价

实训 19　空调系统不制冷的故障排除

任务名称	空调系统不制冷的故障排除	日期		成绩	
学生姓名		学号		班级	
任务载体	北汽新能源 EV160				
任务目标	1. 掌握电动汽车空调不制冷的故障排除方法 2. 熟知电动汽车空调制冷工作原理 3. 了解常见的空调不制冷的故障原因				

一、故障现象陈述

一辆北汽新能源 EV160 电动汽车，当空调制冷功能开启时，无论如何调节制冷出风大小或切换各出风模式，均无制冷效果，导致车内空气无法有效降温，影响正常的驾驶体验。

二、信息收集

查阅北汽新能源 EV160 维修手册、电路图，空调控制器、空调压缩机控制电路相关线路。

三、任务实施

1. 故障原因分析

2. 编写故障诊断流程

序号	内　容

3. 诊断仪器和设备

4. 小组成员分工

主修员		记录员	
监护员		展示员	

5. 场地设备检查

检查工作场地和设备设施是否清洁及是否存在安全隐患，如不正常请汇报并进行处理。

安全防护用品：＿＿＿＿＿＿＿＿＿＿＿＿＿＿＿＿＿＿＿＿＿＿＿＿＿＿＿＿＿＿＿

作业工具：＿＿＿＿＿＿＿＿＿＿＿＿＿＿＿＿＿＿＿＿＿＿＿＿＿＿＿＿＿＿＿＿＿

实训设备设施：＿＿＿＿＿＿＿＿＿＿＿＿＿＿＿＿＿＿＿＿＿＿＿＿＿＿＿＿＿＿＿

辅助资料：＿＿＿＿＿＿＿＿＿＿＿＿＿＿＿＿＿＿＿＿＿＿＿＿＿＿＿＿＿＿＿＿＿

6. 安全要求及诊断注意事项

（1）＿＿＿＿＿＿＿＿＿＿＿＿＿＿＿＿＿＿＿＿＿＿＿＿＿＿＿＿＿＿＿＿＿＿＿

（2）＿＿＿＿＿＿＿＿＿＿＿＿＿＿＿＿＿＿＿＿＿＿＿＿＿＿＿＿＿＿＿＿＿＿＿

（3）＿＿＿＿＿＿＿＿＿＿＿＿＿＿＿＿＿＿＿＿＿＿＿＿＿＿＿＿＿＿＿＿＿＿＿

7. 诊断、检测流程

序号	检测项目	备　注

8. 故障点确认、排除方法

9. 故障验证

四、检验和评估
1. 小组互评

其余学生小组根据展示小组代表阐述本组任务实施过程，进行评价，并记录评价结果。

序号	评价标准	评价结果
1	任务目的制定合理恰当	
2	任务过程表述清晰明确	
3	任务结果符合实际情况	
4	任务计划切实有效执行	
5	任务体会感受情感真实	
综合评价		

2. 组内互评

组长：_____　　　组号：_____

姓名										
分工										
评价										

3. 自我反思和自我评价（根据自己在课堂中的实际表现）

自我反思	
自我评价	

4. 教师评价

_____

实训20　空调系统不制热的故障排除

任务名称	空调系统不制热的故障排除	日期		成绩	
学生姓名		学号		班级	
任务载体	北汽新能源 EV160				
任务目标	1. 掌握电动汽车空调不制热的故障排除方法 2. 熟知电动汽车空调制热工作原理 3. 了解常见的空调不制热的故障原因				

一、故障现象陈述

一辆北汽新能源 EV160 电动汽车,当空调制热功能开启时,无论如何调节制热出风大小或切换各出风模式,均无制热效果,导致车内空气无法有效升温,影响正常的驾驶体验。

二、信息收集

查阅北汽新能源 EV160 电路图和 PTC 控制电路相关线路。

三、任务实施

1. 故障原因分析

2. 编写故障诊断流程

序号	内容

3. 诊断仪器和设备

4. 小组成员分工

主修员		记录员	
监护员		展示员	

5. 场地设备检查

检查工作场地和设备设施是否清洁及是否存在安全隐患,如不正常请汇报并进行处理。

安全防护用品:_____

作业工具:_____

实训设备设施:_____

辅助资料:_____

6. 安全要求及诊断注意事项

（1）＿＿＿＿＿＿＿＿＿＿＿＿＿＿＿＿＿＿＿＿＿＿＿＿＿＿＿＿＿＿＿＿＿＿

（2）＿＿＿＿＿＿＿＿＿＿＿＿＿＿＿＿＿＿＿＿＿＿＿＿＿＿＿＿＿＿＿＿＿＿

（3）＿＿＿＿＿＿＿＿＿＿＿＿＿＿＿＿＿＿＿＿＿＿＿＿＿＿＿＿＿＿＿＿＿＿

7. 诊断、检测流程

序号	检测项目	备注

8. 故障点确认、排除方法

9. 故障验证

四、检验和评估

1. 小组互评

其余学生小组根据展示小组代表阐述本组任务实施过程，进行评价，并记录评价结果。

序号	评价标准	评价结果
1	任务目的制定合理恰当	
2	任务过程表述清晰明确	
3	任务结果符合实际情况	
4	任务计划切实有效执行	
5	任务体会感受情感真实	
综合评价		

2. 组内互评

组长：＿＿＿＿＿＿＿＿＿＿＿＿　　组号：＿＿＿＿＿＿＿＿＿＿＿＿

姓名										
分工										
评价										

3. 自我反思和自我评价（根据自己在课堂中的实际表现）

自我反思	
自我评价	

4. 教师评价

第 8 章

制动系统故障诊断

> **学习目标**
> - 了解新能源汽车电动真空助力系统的组成及工作原理。
> - 掌握新能源汽车电动真空泵工作及控制原理。
> - 掌握电动真空泵的诊断步骤及排除方法。

制动系统是汽车安全系统之一。制动系统是汽车上用以使外界（主要是路面）在汽车某些部位（主要是车轮）施加一定的力，从而对其进行一定程度的强制制动的一系列专门装置。制动系统主要由供能装置、控制装置、传动装置和制动器组成，如图 8-1 所示。电动汽车的制动系统工作原理与传统汽油或柴油发动机汽车大致类似，但真空助力的动力来源有所不同，本章着重介绍其不同之处。

8.1 电动真空助力系统组成及工作原理

8.1.1 电动真空助力系统组成

电动汽车电动真空助力系统一般由电动真空泵、电动真空控制器、真空压力传感器、真空助力器、真空罐和制动系统故障灯等组成。

8.1.2 电动真空助力系统工作原理

电动汽车因为采用电驱动，缺乏传统的发动机进气歧管真空源，需要重新设计配置制动助力系统的真空输入，目前普遍采用的是电动真空泵控制。真空助力器通过真空软管与真空罐连通，真空泵控制器通过电压力开关监测真空罐内的压力，当真空罐内负压不足时，真空泵控制器控制真空泵工作，对真空罐抽气，直至真空罐内负压达到限值，电动真空助力系统工作原理见图 8-2。电动真空助力的控制逻辑按照建立负压与工作过程、故障诊断 3 个部分讲述。

1. 建立负压

真空罐内负压不足时，真空罐上的压力开关断开，并向真空泵控制器输出信号，真空泵控制器控制真空泵电源接通，真空泵开始抽气，增大真空罐内的负压；当负压达到限值时，真空泵控制器延时 10s 后断开真空泵电源。

第 8 章 制动系统故障诊断

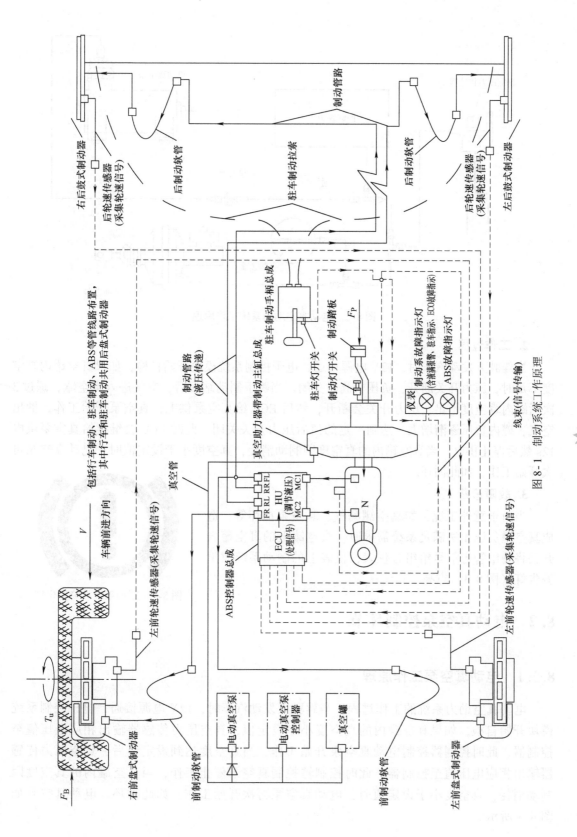

图 8-1 制动系统工作原理

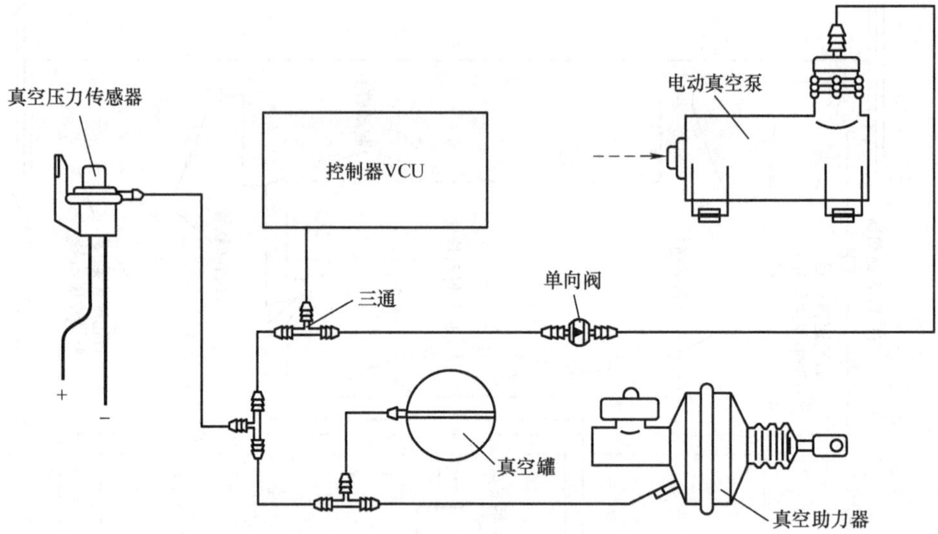

图 8-2　电动真空助力系统工作原理

2. 工作过程

当驾驶人发动汽车时，12V 电源接通，电子控制系统模块开始自检，如果真空罐内真空度不足时，压力开关断开，负压较高时关闭。当踩下制动踏板后，空气进入真空罐，踩过 3 次后罐内真空度不足，压力开关会断开，然后 ECU 给真空泵供电，真空泵开始工作，抽出空气，罐内负压逐渐增大，达到一定的值后压力开关关闭，此时 ECU 会继续给真空泵供电 12s 然后停止供电。当真空罐内的真空度因制动消耗，真空度小于设定值时，电动真空泵再次开始工作，如此循环。

3. 故障诊断

当由于意外工况，如真空罐漏气、真空泵损坏等，造成真空罐负压无法满足系统需求时，真空罐上的真空警告开关将输出警告信号给组合仪表，仪表上的制动系统故障警告灯（图 8-3）点亮。

图 8-3　制动系统故障警告灯

8.2　电动真空泵控制环节

8.2.1　电动真空泵工作原理

电动真空助力系统的工作过程：当驾驶人发动汽车时，12V 电源接通，电子控制系统模块开始自检，如果真空罐内的真空度小于设定值，真空压力传感器输出相应电压值至控制器，此时控制器控制电动真空泵开始工作，当真空度达到设定值后，真空压力传感器输出相应电压值至控制器，此时控制器控制真空泵停止工作，当真空罐内的真空度因制动消耗，真空度小于设定值时，电动真空泵再次开始工作，如此循环。电动真空泵如图 8-4 所示。

图 8-4　电动真空泵

8.2.2　电动真空泵控制原理

由图 8-5 可以得知，真空泵控制系统主要由真空泵供电、真空泵系统两部分组成。其中真空泵系统又由真空泵及真空压力传感器组成。电动真空泵主要由集成控制器 VCU 控制。VCU 通过采集压力传感器的信号的电压值，并与参考电压进行比较，判断真空泵中压力的大小。若真空泵中压力小于设定值，则通过真空泵控制线起动真空泵，增大真空泵内压力。到设定值后，压力传感器传递信号给 VCU，VCU 切断控制电路，维持泵内压力。

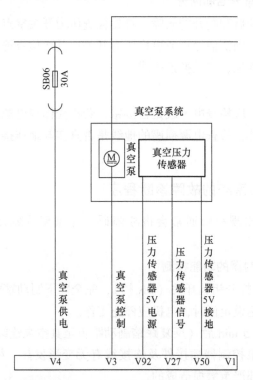

图 8-5　北汽新能源 EV160 电动真空泵的主要电路控制原理

8.3 电动真空助力系统故障排除

电动汽车电动真空助力系统的故障主要为真空泵故障,可导致制动效果明显下降,甚至制动失效。仪表通常会报故障码,并点亮故障警告灯,同时会伴随车辆警告声。

8.3.1 电动真空泵的常见故障及一般检修方法

真空泵的故障现象主要包括:连接电源后电机不转;接通电源后,真空度抽至上限设定值而电机不停转;压力开关不能正常开启和断开;真空泵的机壳带电;真空泵喷油等。真空泵故障排除方法如下(本节以2017款北汽新能源EV160为例)。

1. 真空泵电机不转

连接电源后,真空泵电机不转,应检查熔丝是否熔断。若熔断,检查线路是否短路、控制器是否损坏、电机是否烧毁短路。若没熔断,则检查蓄电池是否亏电、线路是否断路、控制器是否损坏。

2. 真空泵电机不停转

真空度抽至上限设定值时真空泵电机不停转的故障,应检查开关触点是否短路常开,若开关正常,则电子延时模块损坏,应更换。

3. 压力开关不能正常开启和断开

压力开关不能正常开启和断开的故障,首先检查压力开关触点是否污损、锈蚀,或者接触不良。如有上述现象,则清洁触点或更换压力开关;其次检查连接线是否折断或插头连接处是否脱焊。如有上述现象,应更换连接线。

4. 真空泵机壳带电

真空泵的机壳带电,应检查电源线是否接错,若将壳体与电源的正极连接在一起,应立即纠正此错误连接。此外,检查电源插座的地线是否真实与地连接,应把电源插座中的地线连接好。

8.3.2 电动真空助力系统的故障诊断程序

真空助力制动系统出现故障通常会报故障码,并点亮故障警告灯。其故障诊断步骤如下:

1. 制动真空泵、控制器的功能检测

1)车辆静止状态下打开钥匙开关(ON档),完全踩下制动踏板,踩踏3次。真空泵应正常起动,当真空度到达设定值时,电机应停止工作。

2)制动真空泵运转5 min后(反复踩踏制动踏板至真空泵连续运转几次),观察真空泵有无异响、异味及真空泵控制器插接件及连接线有无变形发热。如果真空泵出现异响、异味,有可能是真空泵内部严重磨损造成的。

制动系统正常工作时,制动踏板踩下后会造成真空管路的真空度降低(绝对压力提高)。由于真空泵会保持真空度在50~70kPa,当整车控制器接收到真空压力传感器信号,判断此时压力不在保持压力范围内,则会自动起动真空泵运转。如果可听到真空泵运转的"嗡嗡"声,并在3~4s停止运转,可判断系统一切正常;反之初步判断系统工作不正常。

2. 管路接头检测

1)在制动真空泵工作时,检查连接软管有无漏气现象,如有漏气需立即更换。

2)检查制动真空泵与软管、制动真空罐与软管等各气管连接处有无破损或泄漏,如有破损或泄漏需立即更换。

3)注意不能扭曲制动软管,在最大转向角度时制动软管不得接触到其他汽车零部件。

需要注意的是,如果制动管路存在泄漏或损坏的情况,可能导致制动效果不明显,甚至制动失效。所以务必排除发现的故障。

3. 连接诊断仪,读取故障码及数据流

通过故障诊断仪读取故障码和系统的数据流(图8-6和图8-7),根据具体数值判断系统可能出现的故障原因。如真空泵的使能状态、真空泵的工作电流或真空系统压力值等。

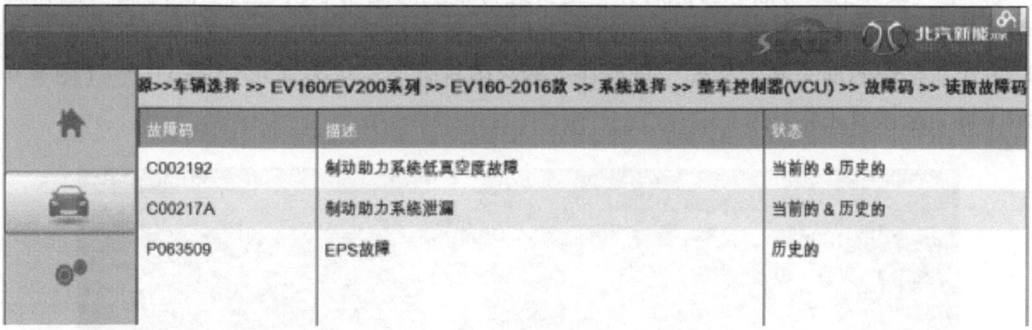

图8-6 读取故障码

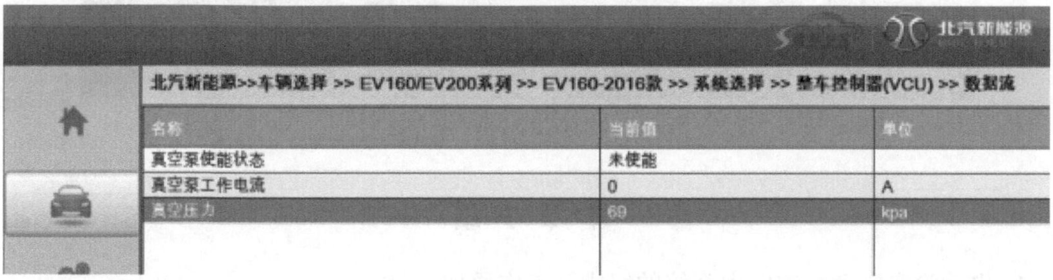

图8-7 读取真空泵数据流

4. 根据系统电路图分析故障

根据北汽新能源EV160制动系统工作电路图,分析真空助力制动系统的工作原理,检查电源、搭铁、熔丝、控制模块、传感器以及真空泵等电路工作是否正常。

1)根据电路图检查驾驶舱内熔丝盒的SB06号熔丝是否熔断,它接通的是真空泵主电源。

2）测量 VBU 控制器与真空压力传感器连接的 92 号、50 号和 27 号信号端子，见图 8-8，判断真空压力传感器的电源、搭铁及数据线的通断情况。

图 8-8　VBU 低压端子测量位置

3）测量电动真空泵的接线端子，判断真空泵电源及搭铁是否正常。需要特别注意的是，真空泵电机的电源电压为 14V 左右，而不是传统燃油车的 12V。此外需要对真空泵搭铁点的搭铁性能进行测量。

4）电气或真空泵等故障排除后，一定要进行常规的制动系统检查。除对制动盘和制动摩擦片等进行检查外，还需要对真空助力制动管路及连接插头进行重点检查，其检查与故障排除方法与传统燃油车基本相同。最后在车辆故障排除后，仪表显示"READY"（图 8-9），表示车辆完全恢复正常。

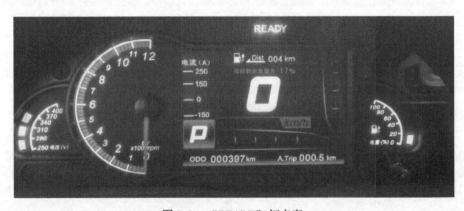

图 8-9　"READY"灯点亮

本 章 小 结

1. 电动汽车制动真空助力系统的组成及工作原理。
2. 电动真空泵结构、工作过程及控制原理。
3. 电动真空泵的常见故障现象及一般检修方法。

复习思考题

1. 简述电动真空泵的工作原理和控制原理。
2. 电动真空助力系统有哪些常见故障原因？如何排除？

实 训 项 目

实训 21 电动真空泵故障的诊断与排除

任务名称	电动真空泵故障的诊断与排除	日期		成绩	
学生姓名		学号		班级	
任务载体	北汽新能源 EV160				
任务目标	1. 掌握电动汽车电动真空泵的故障排除方法 2. 熟知电动汽车制动系统工作原理 3. 了解常见的电动真空泵异常工作的原因				

一、故障现象陈述

一辆北汽新能源 EV160 电动汽车,行驶时发现制动系统故障警告灯亮起,同时会伴随车辆警告声,并明显感觉制动效果下降。

二、信息收集

查阅北汽新能源 EV160 维修手册,查阅电路图及电动真空泵控制电路相关线路。

三、任务实施

1. 故障原因分析

2. 编写故障诊断流程

序号	内容

3. 诊断仪器和设备

4. 小组成员分工

主修员		记录员	
监护员		展示员	

5. 场地设备检查

检查工作场地和设备设施是否清洁及是否存在安全隐患，如不正常请汇报并进行处理。

安全防护用品：_____

作业工具：_____

实训设备设施：_____

辅助资料：_____

6. 安全要求及诊断注意事项

（1）_____

（2）_____

（3）_____

7. 诊断、检测流程

序号	检 测 项 目	备 注

8. 故障点确认、排除方法

9. 故障验证

四、检验和评估

1. 小组互评

其余学生小组根据展示小组代表阐述本组任务实施过程，进行评价，并记录评价结果。

序号	评价标准	评价结果
1	任务目的制定合理恰当	
2	任务过程表述清晰明确	
3	任务结果符合实际情况	
4	任务计划切实有效执行	
5	任务体会感受情感真实	
综合评价		

2. 组内互评

组长：_____   组号：_____

姓名										
分工										
评价										

3. 自我反思和自我评价（根据自己在课堂中的实际表现）

自我反思	
自我评价	

4. 教师评价

参 考 文 献

[1] 李瑞明. 新能源汽车技术 [M]. 北京：电子工业出版社，2014.
[2] 李兴虎. 电动汽车概论 [M]. 北京：北京理工大学出版社，2005.
[3] 崔胜民. 新能源汽车技术 [M]. 北京：北京大学出版社，2009.
[4] 胡骅，宋惠. 电动汽车 [M]. 北京：人民交通出版社，2006.
[5] 王益全. 电动机原理与实用技术 [M]. 北京：科学出版社，2007.
[6] 邵毅明. 汽车新能源与节能技术 [M]. 北京：人民交通出版社，2009.
[7] 曾成碧，赵莉华. 电机学 [M]. 北京：机械工业出版社，2009.
[8] 腾乐天. 电动汽车充电机（站）设计 [M]. 北京：中国电力出版社，2009.
[9] 崔胜民. 新能源汽车概论 [M]. 北京：北京大学出版社，2011.
[10] 徐淼，汪立亮，周玉茹. 现代汽车自动空调系统原理与检修 [M]. 北京：电子工业出版社，2000.
[11] 王贵明，王金懿. 电动汽车及其性能优化 [M]. 北京：机械工业出版社，2010.
[12] 敖东光. 电动汽车结构原理与检修 [M]. 北京：机械工业出版社，2017.
[13] 郑军武，吴书龙. 新能源汽车技术 [M]. 长春：东北师范大学出版社，2016.
[14] 赵金国，李治国. 新能源汽车高压安全与防护 [M]. 北京：人民交通出版社，2017.

读者沟通卡

一、申请课件

本书附赠教学课件供任课教师采用，可在机械工业出版社教育服务网（www.cmpedu.com）注册后免费下载；也可扫描二维码关注"爱车邦"微信订阅号获取课件。

 爱车邦	**免费下载** 教学课件、学习视频、海量学习资料 ➢ 扫描二维码，关注**"爱车邦"** ➢ 点击"粉丝互动"→"视频课件"

二、意见反馈和编写合作

联 系 人：谢元
电　　话：010-88379771
电子信箱：22625793@qq.com
地　　址：北京市西城区百万庄大街 22 号汽车分社
邮　　编：100037